LA DÉFINITION

DE LA

PHILOSOPHIE

DU MÊME AUTEUR

Maine de Biran, sa Vie et ses Pensées, troisième édition. Un vol. in-12, 1877. . . . . Fr. 3.50

Œuvres inédites de Maine Biran, publiées avec la collaboration de Marc Debrit. 3 vol. in-8°, 1859 . . . . Fr. 18.—

Le libre Arbitre. Un vol. in-8°, 1890 . . . . Fr. 6.—

La Science et le Matérialisme. In-12, Genève 1891. . . . . Fr. 1.—

La Question électorale en Europe et en Amérique, deuxième édition considérablement augmentée. In-12°, Genève 1871 . . . . . . Fr. 2.50

Les Progrès de la Réforme électorale en 1873. Rapport présenté à l'Association réformiste de Genève. In-8°, Genève 1874 . . . . . . Fr. 1.—

— — en 1874 et 1875. In-8°, Genève 1876 Fr. 2.50

La Démocratie représentative. Mémoire présenté à l'Académie de Sciences morales et politiques. In-8°, Genève 1881 . . . . Fr. 1.—

(Voir aussi dos de la couverture.)

LA DÉFINITION

DE LA

PHILOSOPHIE

PAR

ERNEST NAVILLE

Docteur en Philosophie de l'Université de Zurich,
Professeur honoraire de l'Université de Genève,
Associé étranger de l'Institut de France et de l'Académie de Palerme,
Membre honoraire de l'Académie de Rovereto,
Correspondant de l'Académie de Savoie et de l'Athénée de Venise.

PARIS
ANCIENNE LIBRAIRIE GERMER BAILLIÈRE ET Cie
FÉLIX ALCAN, ÉDITEUR
GENÈVE ET BALE : GEORG & C°
1894

Genève. Imp. W. Kündig & Fils, Vieux-Collège, 3.

PRÉFACE

Le premier janvier 1700, Leibniz écrivait à Malebranche : « Si on donnait des définitions, les dispu- « tes cesseraient bientôt ». Cette affirmation, dépouillée de son optimisme exagéré, a certainement une forte part de vérité et justifie l'étendue d'un écrit dont la prétention se borne à définir la philosophie. Pour bien comprendre la nature et le but de ce travail, il est nécessaire d'avoir quelques renseignements sur son origine.

Des études de philosophie poursuivies pendant plus de cinquante années m'ont conduit à des résultats dont quelques-uns au moins diffèrent des idées les plus généralement admises à notre époque. J'en indiquerai les plus importants, en leur donnant la forme concise d'une série de thèses :

1. L'idée de la philosophie telle qu'elle se dégage de l'histoire, est, par opposition aux sciences parti-

culières qui bornent leurs recherches à une classe particulière de faits, celle de l'étude du problème universel. Pour satisfaire le besoin d'unité, qui est l'un des caractères essentiels de la raison, la solution du problème universel doit être la détermination d'un principe premier à partir duquel la pensée puisse, dans les limites du possible, expliquer l'ensemble des données de l'expérience.

2. La philosophie ainsi conçue doit être distinguée de sciences qu'on peut légitimement qualifier de philosophiques, mais qui ne sont pourtant que des sciences particulières avec lesquelles on la confond dans la plupart des programmes d'enseignement. Elle doit prendre en considération les résultats des mathématiques, de la physique, de la biologie, de l'histoire aussi bien que ceux de la psychologie, de la logique et de la morale.

3. La philosophie, supposant la connaissance des résultats généraux de toutes les sciences particulières, a sa place légitime à la fin des études. Elle devrait figurer dans le programme des examens de sortie de toutes les facultés.

4. La méthode scientifique se compose de ces trois opérations de la pensée : observer, c'est-à-dire constater les faits à expliquer ; supposer un principe

d'explication ; vérifier la valeur de ce principe en en déduisant les conséquences pour les comparer aux données de l'observation. Elle fait la part des éléments de vérité contenus dans l'empirisme et le rationalisme et la dégage des erreurs de ces deux méthodes qui sont fausses parce qu'elles sont incomplètes.

5. On a souvent méconnu, dans les procédés relatifs à la constatation des faits, le rôle et l'importance du témoignage, qui ne fournit pas seulement un supplément aux observations personnelles, mais qui donne seul leur valeur aux perceptions des sens et même aux fonctions rationnelles de l'intelligence.

6. Plusieurs des traités de la méthode ont omis de signaler le rôle de l'hypothèse, ou du moins d'en signaler l'importance, en montrant qu'elle est le facteur essentiel des progrès de la science, parce qu'elle intervient toujours et nécessairement entre la constatation des faits et la tentative de les expliquer par le raisonnement.

7. La méthode de la philosophie est la même que celle de toutes les sciences. L'opposition souvent admise entre les sciences particulières qui auraient l'expérience pour base, et la philosophie qui construirait les doctrines *a priori*, est une erreur grave.

La prétention de construire la science *a priori* est la conséquence de l'idéalisme ; mais l'idéalisme est un système faux. La méthode à laquelle il conduit est justement répudiée par les savants ; mais le discrédit qui s'attache à une doctrine particulière ne peut pas s'étendre légitimement à la philosophie elle-même.

8. La philosophie se distingue des sciences particulières par le fait que son objet est général ; mais cette distinction ne renferme aucun élément d'opposition. Au contraire, il existe une parfaite harmonie entre les sciences particulières et la philosophie vraie. La science générale n'est sérieuse qu'en prenant connaissance des résultats des sciences particulières qui forment la matière de ses observations, et les sciences particulières reçoivent de la philosophie, non pas une partie quelconque de leur contenu expérimental, mais les principes directeurs des recherches relatives à l'explication rationnelle des données de l'expérience.

9. L'idée, souvent émise, que les sciences sont nées de la rupture avec toutes les conceptions philosophiques est contredite par l'histoire. La physique moderne, en particulier, qui est la plus avancée des sciences expérimentales, est née sous l'influence di-

recte de conceptions philosophiques très déterminées.

10. Il résulte de l'application de la véritable méthode qu'une philosophie complète se compose de trois parties : L'*analyse,* qui a pour but de discerner, en recueillant les données générales qui résultent des sciences particulières, quels sont les éléments vraiment distincts de la partie de l'univers qui tombe dans le champ de nos observations possibles ; l'*hypothèse,* ou le choix d'une solution pour le problème universel, choix qui suppose une revue sommaire de l'histoire de la philosophie pour prendre connaissance des diverses solutions qui ont été proposées et de leurs conséquences ; la *synthèse,* c'est-à-dire la déduction rationnelle des conséquences des solutions proposées et la comparaison de ces conséquences avec les données recueillies par l'analyse.

11. L'analyse philosophique, après avoir constaté les éléments subjectifs de la connaissance, qui sont les lois de l'intelligence et les idées de la raison, discerne, dans les objets auxquels la pensée s'applique pour en chercher l'explication, trois éléments distincts : la matière, la vie, l'esprit. Tout monisme qui veut réduire à l'unité les objets de la connais-

sance directe est une conception systématique contraire aux données de l'expérience.

12. L'idée essentielle de la matière est celle de la résistance dans l'espace. Toutes ses autres propriétés sont des rapports entre les mouvements des corps et les êtres capables de percevoir et de sentir. La science de la matière, isolée de ses rapports avec l'esprit, se ramène aux lois de la mécanique qui suppose l'inertie de son objet.

13. La vie simple, dégagée de tout élément psychique, et telle qu'elle se montre à l'état d'isolement dans le règne végétal, a pour caractère spécifique une coordination spéciale des mouvements de la matière. Les phénomènes de la vie simple n'étant que des mouvements ne sont pas théoriquement irréductibles aux lois de la mécanique universelle ; mais, dans l'état actuel de nos connaissances, on ne peut les expliquer que par la présence dans les êtres vivants de forces spéciales considérées comme inconscientes.

14. Les phénomènes psychiques dans lesquels se manifeste l'esprit sont absolument irréductibles aux lois de la mécanique. Ils le sont par l'effet du mode de leur connaissance, n'étant pas l'objet d'une perception sensible ; ils le sont par la présence d'un

élément de libre arbitre qui les sépare du monde purement matériel où règne la loi de l'inertie.

15. La recherche philosophique peut aboutir, quant à la détermination d'un principe premier qui est son objet, à la négation, au doute ou à l'affirmation. La négation et le doute constituent des philosophies ; mais il convient de réserver le nom de *système* aux solutions affirmatives du problème universel.

16. Il n'existe que trois systèmes qui, par leurs luttes et par leurs mélanges, constituent toute la trame de l'histoire de la pensée spéculative : le matérialisme, l'idéalisme et le spiritualisme. Ces trois systèmes se rattachent à l'un des trois éléments de l'univers distingués par l'analyse : la matière, la vie simple, l'esprit.

17. La doctrine de l'évolution, qui a sa place légitime dans les sciences particulières, spécialement dans l'histoire de la nature et dans celle de l'humanité, n'est pas un système distinct de philosophie. Lorsqu'on propose cette doctrine comme une solution du problème universel, elle revêt le caractère du matérialisme ou celui de l'idéalisme, et offre souvent un mélange confus de ces deux systèmes.

18. Le matérialisme cherche l'explication de toutes

choses dans l'objet des sens et dans les lois de la mécanique. Il suffit, pour montrer son insuffisance, de constater que la science de la matière suppose la présence de l'esprit. Le matérialiste est un homme qui s'oublie lui-même ; il oublie que le regard de l'intelligence est absolument distinct des objets auxquels ce regard s'applique.

19. L'idéalisme conçoit l'univers comme le développement nécessaire d'un principe inconscient analogue à celui de la vie simple. Il importe de ne pas le confondre, comme on le fait souvent, avec le spiritualisme. Ces deux systèmes se trouvent unis dans leur lutte commune contre la doctrine de la matière ; mais leurs conceptions de la nature du principe universel et de celle des phénomènes de l'ordre moral sont positivement contradictoires.

20. Le spiritualisme place à l'origine du monde l'acte libre et souverain d'un esprit, d'une volonté. Il établit, par la considération d'une cause absolue et créatrice, le seul monisme conciliable avec la distinction des éléments de l'univers établie par l'analyse philosophique. Il résout seul le problème de la coexistence de l'un et du multiple, du fini et de l'infini.

21. La grande lutte actuelle existe entre le déter-

minisme absolu de tous les phénomènes, qui est un caractère commun au matérialisme et à l'idéalisme, et la philosophie de la liberté qui est le caractère spécifique du spiritualisme. Cette dernière doctrine est la seule qui, en plaçant la liberté dans le principe du monde, puisse faire place au libre arbitre de l'homme qui est le postulat de l'ordre moral.

22. De même que la méthode scientifique accepte la part de vérité de l'empirisme et du rationalisme et la dégage des erreurs de ces deux méthodes incomplètes, de même le spiritualisme fait la part des éléments vrais du matérialisme et de l'idéalisme, et les dégage des erreurs de deux systèmes qui, en méconnaissant des faits de première importance, deviennent faux par leur exclusivisme. Le spiritualisme réunit les membres disjoints de la vérité, non pas dans un éclectisme sans principe de choix, mais dans une synthèse s'appuyant sur une vue ferme de la vérité.

23. L'opposition si souvent affirmée entre la philosophie et la religion se trouve détruite par une vue juste du rôle de l'hypothèse dans la formation de la science. Celles des doctrines contenues dans la tradition religieuse qui répondent aux grandes questions posées par l'esprit humain entrent de

plein droit dans la science comme des hypothèses à examiner. Si le résultat de l'examen est favorable, on constate l'harmonie de la science et de la religion. On constate une opposition si le résultat de l'examen est défavorable ; mais ce n'est point la philosophie en général, mais seulement telle philosophie, qui est opposée aux croyances religieuses.

24. L'histoire de la philosophie révèle un cours général de la pensée qui, avec des fluctuations et des remous, se dirige vers le spiritualisme, qui est la philosophie vraie dans laquelle s'accordent les grandes traditions doctrinales du monde chrétien et les libres recherches de la pensée.

Tels sont, sommairement exposés, les résultats principaux de mes études. Les personnes qui connaissent l'histoire de la pensée humaine et l'état des discussions contemporaines, pourront constater dans quelle mesure les affirmations formulées dans les thèses précédentes s'éloignent des opinions les plus répandues. La plupart de ces affirmations se trouvent contenues dans les écrits que j'ai publiés et dans les pages qui suivent cette préface ; mais pour acquérir toute la valeur qu'elles peuvent avoir, elles auraient besoin d'être reproduites dans un travail d'ensemble qui les coordonnerait, les compléterait, et montrerait leur lien avec la définition proposée de l'idée de la philosophie.

J'ai été conduit une fois à faire ce travail, mais d'une manière très élémentaire. En 1870, à la demande du gouvernement genevois, j'ai consacré dix leçons d'un cours public à exposer la nature et la méthode de la philosophie, les différents systèmes qu'elle a produits et les rapports de ces systèmes avec les sciences, le développement de la société et la religion. Ces leçons, rédigées après leur exposition orale, et qui, dès lors, ont été souvent revues, corrigées et utilisées pour des articles de revues, sont en état d'être publiées. Mais c'est un cours destiné au grand public et qui n'aborde pas les questions avec les développements nécessaires pour répondre aux exigences d'une exposition sérieusement scientifique. J'avais conçu le projet d'une exposition de cette nature; je désirais publier un cours complet de philosophie réalisant l'idée que je me suis faite de la reine des sciences. Le volume que le lecteur a dans les mains n'est que l'introduction à ce grand travail. C'est, pour user d'une comparaison, la façade et la porte d'entrée d'un édifice intellectuel. Pour la construction de cet édifice j'ai rassemblé bien des matériaux, mais mon âge et le déclin de mes forces m'avertissent que je ne pourrai probablement pas en faire usage pour accomplir l'œuvre dont j'avais conçu le plan. L'introduction à ce travail étant achevée, je me décide à la publier, dans l'espérance que, si je ne puis faire plus, ces pages donneront à mes lecteurs une idée précise de la philosophie telle que je la comprends, et éveilleront peut-être, dans l'esprit de quelque travailleur plus jeune que moi qui partagerait mes vues, le désir de réaliser le projet que j'avais formé.

Le procédé d'exposition employé dans ce volume est le même que celui adopté dans mon étude sur le *Libre arbitre*. Le développement de chaque point de doctrine est précédé d'un bref résumé de son contenu, et des chiffres placés entre parenthèses renvoient aux articles à consulter pour l'intelligence des affirmations contenues aux lieux où ces chiffres sont placés.

Genève, le 15 Janvier 1894.

Ernest NAVILLE.

DÉFINITION DE LA PHILOSOPHIE

INTRODUCTION

1. *La définition de la philosophie comme science, exige la détermination de l'idée de la science en général, et celle des caractères spécifiques de la philosophie.*

Le mot philosophie a deux significations qui ne sont point opposées, ni sans rapports entre elles (92), mais qui sont distinctes : une signification pratique, et une signification théorique. Dans son sens pratique, qui est le plus rapproché de son étymologie (amour de la sagesse), le mot philosophie est relatif à la conduite et aux dispositions de l'âme ; c'est, selon la définition du Dictionnaire de l'Académie française, « une certaine fermeté et élévation d'esprit, par laquelle on se met au dessus des accidents de la vie. » Dans son sens théorique, la philosophie est une science.

Pour la définir il faut donc déterminer son genre prochain, c'est-à-dire la nature de la science en général, puis sa différence spécifique, c'est-à-dire les caractères qui la distinguent des autres recherches de l'esprit humain.

Toutes les sciences ont la pensée pour instrument commun. Descartes a écrit : « Toutes les sciences « réunies ne sont rien autre chose que l'intelligence « humaine, qui reste toujours une, toujour la même, « si variés que soient les sujets auxquels elle « s'applique, et qui n'en reçoit pas plus de change- « ments que n'en apporte à la lumière du soleil la « variété des objets quelle éclaire[1]. » Si l'on s'en tient à cette seule considération, on peut arriver à la pensée que toutes les sciences dans leur unité ne sont que l'esprit humain prenant conscience de lui-même. C'est ainsi que la théorie de Hégel, qui ne voit dans l'Univers que le développement d'un système de logique, est sortie du Cartésianisme par une déduction assez naturelle ; mais cette déduction est illégitime, si l'on considère l'œuvre de Descartes dans sa totalité. Toutes les sciences se ramènent à l'unité si l'on ne considère que leur sujet commun ; mais leur diversité résulte de la différence des objets vers lesquels se porte la pensée. La lumière du soleil est une, mais elle est diversifiée dans ses manifestations par les objets qui la réfléchissent. De même la pensée humaine est toujours la même dans ses éléments constitutifs, mais elle varie dans ses manifestations selon les objets auxquels elle s'applique.

[1] *Règles pour la direction de l'esprit.* Règle première.

PREMIÈRE PARTIE

LA SCIENCE

2. *La science est l'état de la pensée qui possède la vérité.*

Le savoir est un acte du sujet pensant ; et le savoir réel, dont la science vraie est l'expression, est la possession de la vérité. La joie est un état du cœur, la vertu est un état de la volonté, la science est un état de la pensée. Ces diverses manifestations de l'esprit ne sont jamais entièrement séparées. La science, en effet, suppose le désir de son acquisition qui est une fonction du cœur, en prenant ce terme dans un sens large comme étant l'organe de tous les désirs, en même temps que de toutes les joies et de toutes les souffrances, et elle suppose le travail qui est un effort de la volonté ; mais l'objet du désir et le but de l'effort sont un état de la pensée, tandis que, pour la pratique de la vie, la pensée peut être mise comme un moyen au service des désirs, en indiquant la voie à suivre pour les réaliser, ou au service de la volonté en l'éclairant sur la valeur et les motifs de ses déterminations.

3. *La recherche scientifique a pour condition l'esprit d'examen ou le doute philosophique.*

Le travail proprement scientifique, c'est-à-dire l'étude réfléchie et volontaire, a pour point de départ, non pas l'ignorance absolue qui n'est jamais la condition de l'esprit humain lorsqu'il commence à réfléchir, mais un ensemble de pensées qui constitue l'opinion. Une simple opinion se distingue d'une idée scientifique, vraie ou fausse, en ce que c'est une affirmation qui n'a pas été soumise à un examen rationnel. Les opinions se forment de différentes manières. Il en est qui sont le résultat naturel des apparences. C'est ainsi qu'il est naturel de penser que le soleil se meut autour de la terre, et que les corps en mouvement s'arrêtent parce qu'ils ont une tendance au repos. A ces opinions fondées sur les apparences se joignent des idées traditionnelles que chacun reçoit du milieu au sein duquel il se trouve placé. Ces idées traditionnelles sont parfois des imaginations populaires, comme les légendes historiques. Parfois aussi ce sont des préjugés scientifiques nés du travail des écoles. L'horreur de la nature pour le vide a figuré longtemps dans les explications des phénomènes physiques; et, pour un grand nombre d'esprits, l'ensemble des affirmations qui constituent la science de leur temps est une autorité qui ne se discute pas. La Science *moderne* devient une idole devant laquelle ils se prosternent sans examiner ses titres. Pour que la pensée fasse des progrès, il est nécessaire que l'opinion soit incessamment soumise à l'examen ; il faut que les apparences soient interprétées par la raison ; il faut que l'affirmation des faits soit soumise à une critique raisonnable ; il faut enfin que les théories admises soient abandonnées dès qu'il est démontré qu'elles ne fournissent pas une explication satisfaisante des données de l'expérience. Le doute qui porte sur l'opinion est le facteur essentiel du progrès ; sans lui, la pensée humaine deviendrait immobile, et la science ne serait pas. Cette disposition d'esprit peut avoir deux conséquences non seulement distinctes, mais entièrement opposées : le scepticisme et l'esprit d'examen. Le scepticisme est l'affirmation que l'esprit humain ne peut pas atteindre la vérité (68 et 69). L'esprit d'examen, ou le doute philosophique, dont Socrate chez les anciens et Descartes chez les modernes, sont les représentants les plus connus, suppose l'admission de l'existence de la vérité, et la confiance que l'esprit humain peut l'atteindre dans une certaine mesure. Le sceptique, persuadé que la vérité ne peut pas être découverte, n'a aucun motif pour examiner des affirmations dont aucune ne saurait avoir de valeur pour lui ; ses études et ses recherches sont une inconséquence, et cette inconséquence est la meilleure des réfutations de sa doctrine.

La nature du doute philosophique a été précisée par Descartes dans les lignes suivantes relatives aux objections de l'un de ses contradicteurs qu'il accusait de n'avoir pas compris sa véritable pensée. « Si d'aventure il avait une corbeille pleine de « pommes, et qu'il appréhendât que quelques-unes « ne fussent pourries, et qu'il voulût les ôter de « peur qu'elles ne corrompissent le reste, comment « s'y prendrait-il pour le faire ? Ne commencerait-il « pas tout d'abord à vider sa corbeille ; et après « cela, regardant toutes ces pommes les unes après « les autres, ne choisirait-il pas celles-là seules « qu'il verrait n'être point gâtées ; et laissant là les « autres, ne les remettrait-il pas dans son panier ? « Tout de même aussi, ceux qui n'ont jamais bien « philosophé ont diverses opinions dans leur esprit « qu'ils ont commencé à y amasser dès leur bas « âge ; et, appréhendant avec raison que la plupart « ne soient pas vraies, ils tâchent de les séparer « d'avec les autres, de peur que leur mélange ne les « rende toutes incertaines. Et, pour ne point se « tromper, ils ne sauraient mieux faire que de les « rejeter une fois toutes ensemble, ni plus ni moins « que si elles étaient toutes incertaines ; puis, les « examinant par ordre les unes après les autres, « reprendre celles-là seules qu'ils reconnaîtront être « vraies et indubitables [1]. »

Un homme bien convaincu que toutes les pommes d'un panier seraient pourries, ne prendrait certainement pas la peine de les trier pour mettre les bonnes à part ; et ce serait la position d'un vrai

[1] *Méditations métaphysiques.* Septième objection. — Remarques de Descartes.

sceptique. Le choix à faire entre les pensées, pour séparer les vraies des fausses (c'est le but du doute philosophique) suppose manifestement la foi en l'existence de la vérité.

L'attachement obstiné à des opinions que l'on ne soumet pas à l'examen est une crédulité qui naît tantôt du caractère passif de la pensée et tantôt de l'orgueil. La passivité de la pensée engendre la paresse qui arrête l'étude ; l'orgueil ne laisse pas douter des opinions que l'on a une fois adoptées. Cette dernière maladie est assez fréquente chez les philosophes et, par l'influence de l'esprit de corps, se manifeste parfois dans les compagnies savantes.

4. *La recherche scientifique est en partie le résultat d'une disposition spéciale de l'esprit humain.*

Qu'est-ce qui pousse l'homme à la recherche du savoir ? La part de l'utilité est manifeste. Pourquoi les jeunes gens étudient-ils dans les collèges et les universités ? Le plus souvent pour arriver à une profession qui leur assure un gagne-pain. On dit que la géométrie est née chez les Egyptiens du besoin de retrouver les limites des propriétés après les inondations du Nil, que les Chaldéens nomades se sont livrés à l'étude de l'astronomie pour s'orienter dans la conduite de leurs troupeaux, et que les peuples marchands ont cultivé l'arithmétique nécessaire à la tenue de leurs comptes. Il y a incontestablement dans les origines de la science un élément intéressé. L'homme veut savoir pour agir, soit en vue de ses nécessités temporelles, soit, dans un ordre de sentiments plus élevé, en vue de ses intérêts spirituels, mais ce n'est pas tout. « Les hommes ont naturellement le désir de savoir ». Cette phrase écrite par Aristote au début de sa métaphysique, est l'expression d'un fait psychique incontestable. Connaître n'est pas la fin dernière de l'homme (92), mais le désir de connaître, et la jouissance que procure la satisfaction de ce désir sont des éléments primitifs de la nature humaine. L'amour de la science peut être détruit par d'autres penchants. Il est nombre d'individus qui préfèrent les plaisirs des sens à tout le savoir du monde ; mais lorsque les désirs naturels de l'intelligence sont entièrement étouffés par des passions sensuelles, nous disons d'un homme qu'il est abruti. Ce terme a une signification profonde. Il est vraisemblable, en effet, que les bêtes n'éprouvent aucun désir de l'ordre intellectuel, et que c'est pour cela qu'elles n'arrivent pas à la science et à la civilisation dont la science est la condition.

Sans des études désintéressées faites par des hommes animés du pur désir de connaître, les intérêts humains, même ceux de l'ordre matériel, seraient gravement en souffrance. Les formules des hautes mathématiques sont un secours précieux pour le travail des ingénieurs ; mais, en général, ce n'est pas l'idée des applications possibles qui a provoqué le travail des hommes de génie qui ont découvert ces formules, c'est le pur amour de la science. Si les physiciens avaient attendu pour étudier l'électricité, d'en prévoir les applications, nous ne posséderions ni le télégraphe, ni le téléphone, ni l'éclairage électrique. Les savants qui travaillent sous l'empire du désir de connaître, et sans un but direct d'utilité, deviennent ainsi fort utiles à leurs semblables. On raconte qu'en envoyant Lavoisier à l'échafaud, un des hommes qui avaient alors le pouvoir en main a dit : « La France n'a pas besoin de chimistes ». Pour qu'une telle parole ait pu être prononcée, il faut que le gouvernement de la France fût tombé aux mains d'hommes « aussi bêtes que féroces » ; ce sont les expressions dont s'est servi l'astronome Lalande, en parlant de la mort de Lavoisier. Les progrès toujours plus surprenants accomplis, de nos jours, par l'industrie scientifique font comprendre beaucoup mieux qu'autrefois la valeur pratique des recherches de l'intelligence ; mais une tendance trop utilitaire donnée aux études risquerait de compromettre les intérêts que l'on voudrait servir. Arrêter les recherches désintéressées, ce serait tarir l'une des sources principales du progrès de la civilisation.

La science est donc en partie le résultat d'une disposition primitive de l'esprit humain. Son objet est la vérité, ce qui conduit à poser la question du gouverneur romain, Ponce-Pilate : Qu'est-ce que la vérité ?

5. *La vérité est une qualité des jugements.*
Ce n'est que dans les jugements qu'il peut y avoir vérité ou erreur. Des mots isolés n'expriment que des images dans l'ordre des perceptions sen-

sibles, de purs concepts dans l'ordre des notions abstraites. Si je dis : soleil, âme, maison, ligne, triangle, cause, vertu, sans rien affirmer, il n'y a pas de place pour les catégories du vrai ou du faux. Le jugement affirme un attribut d'un sujet, et l'affirmation est vraie ou fausse selon qu'elle est conforme ou non aux rapports réels des choses. « L'Océan n'a pas de limites » est un jugement faux, parce que le globe terrestre nous est connu, et que l'Océan trouve partout des côtes où il se termine. « Le son résulte des vibrations de l'atmosphère » est un jugement vrai, parce que l'affirmation relative à la cause du phénomène est confirmée par l'expérience. « Bonaparte était un homme modeste » est un jugement faux ; la lecture du mémorial de Ste-Hélène le démontre amplement. « Washington était un homme désintéressé » est un jugement dont la vérité est établie par la biographie de cet illustre général.

La vérité est donc une qualité des jugements. Si l'on emploie le terme dans un sens objectif, c'est-à-dire si on appelle vérité l'objet des jugements, le terme est alors synonyme de réalité (9). En restant dans le sens subjectif du terme, nous dirons que posséder la vérité, c'est formuler des jugements vrais, ce qui conduit à rechercher les signes au moyen desquels on peut reconnaître de tels jugements.

6. *Les jugements vrais ont pour caractère une objectivité qui s'impose à la pensée individuelle.*

Nous ne pouvons rien connaître que par l'intermédiaire de notre pensée personnelle qui est le sujet de toute connaissance ; mais notre pensée est tantôt libre et tantôt contrainte. J'entends un bruit ; je suppose que ce bruit est causé par la chute de la pluie et je formule l'affirmation : il pleut. Cette affirmation est le résultat du libre jeu de ma pensée individuelle. Je sors de l'appartement où j'ai formé ma conjecture, et je constate qu'il ne pleut pas et que la cause du bruit est le vent qui agite les feuilles des arbres. A l'affirmation fausse qui résultait d'une supposition libre, se substitue le résultat d'une perception qui s'impose. En pensant à des problèmes de géométrie élémentaire, il me vient à l'esprit qu'étant données deux lignes dont l'une est le double de l'autre, le carré fait sur la première sera le double du carré fait sur la seconde. Cette affirmation fausse, résultat d'une pensée personnelle libre et distraite, sera détruite immédiatement par la simple inspection d'une figure qui me montrera que le carré fait sur une ligne est le quadruple du carré fait sur la moitié de cette ligne. Il existe donc, par opposition aux jugements libres de ma pensée personnelle qui ont un caractère purement subjectif, d'autres jugements qui s'imposent à moi, et qui me corrigent lorsque je me trompe. Le célèbre chirurgien russe Pirogoff, qui, à la fin de sa vie, fut curateur de l'instruction publique à Kiew, raconte dans ses mémoires qu'il y avait des jeunes gens qui ne pouvaient souffrir l'idée de soumettre la liberté de la pensée à aucune restriction quelconque et qui disaient : J'accepterai un axiome mathématique si je veux ; si je ne veux pas, je ne l'accepterai pas. — Il observe avec raison que ce déraillement de la pensée risque fort de conduire à l'hospice des aliénés [1].

Ce qui s'impose immédiatement, c'est l'évidence. Un jugement est évident lorsqu'il est impossible d'en douter sérieusement, et lorsqu'il est impossible de le démontrer parce qu'il a un caractère primitif. L'évidence est sensible, lorsqu'elle résulte des perceptions des sens, rationnelle lorsqu'elle exprime les conceptions et les lois nécessaires de la pensée. Aux jugements primitifs s'en rattachent d'autres par le moyen de la démonstration. Si la démonstration est bonne, elle confère aux conséquences une valeur égale à celle des principes.

Qu'il s'agisse de l'expérience ou de la raison, tout jugement qui s'impose est vrai. Dans le cas contraire il n'y aurait pas de vérité, puisqu'en dehors de l'évidence réelle et de la démonstration valable la pensée ne saurait trouver aucun point d'appui. Il faut éviter seulement de confondre les jugements primitifs, ou valablement démontrés, avec les opinions qui ont pris la fausse apparence de l'évidence et qui ne sont que des préjugés fortement enracinés qu'on attribue à tort à la raison. La seule difficulté que l'on puisse soulever à cet égard naît des cas

---

[1] D. Stolipine. *Essais de philosophie des sciences*, Genève 1888, page 23.

d'hallucination et de folie où ce n'est pas la vérité mais l'erreur qui s'impose à la pensée individuelle. Ces cas feront plus loin l'objet de notre étude (49).

7. *Les jugements vrais expriment des vérités de raison qui ont un caractère de nécessité, ou des vérités de fait qui ont un caractère de contingence.*

Il ne s'agit pas ici d'une nécessité absolue au sens métaphysique mais d'une nécessité pour notre pensée, nécessité qui résulte de la contrainte dont il vient d'être parlé. Il est facile de constater que toutes les affirmations de fait qui concernent la nature ou l'humanité ont un caractère contingent, c'est-à-dire qu'en affirmant que les choses sont ainsi, nous concevons qu'elles pourraient être autrement. Je conçois que les phénomènes matériels pourraient réaliser d'autres lois que celles qui les régissent ; je conçois que l'humanité aurait pu avoir des destinées différentes de celles que son histoire nous révèle.

La question actuelle n'est pas de savoir si les choses auraient pu être autrement qu'elles ne sont dans un sens absolu, et si l'idée de la contingence est une illusion ; la question est celle-ci : En affirmant des faits avons-nous la pensée que ce qui est aurait pu être autrement? Cette pensée nous l'avons, il est impossible de le nier. Mais si je dis « deux lignes droites ne peuvent enfermer un espace », ou bien « un rapport suppose des êtres entre lesquels le rapport existe », je n'affirme pas seulement qu'il en est ainsi, mais qu'il m'est impossible de concevoir qu'il en soit autrement. Je suis en présence de jugements qui ont pour moi une valeur universelle, qui s'étendent à tous les lieux et à tous les temps, parce qu'ils m'apparaissent avec un caractère de nécessité. Il est donc des vérités de raison qui se distinguent très nettement des vérités de fait. Les vérités contingentes sont l'expression de l'expérience; les vérités de raison sont la manifestation des lois et des notions que l'esprit porte en lui-même. Un fait biographique peut mettre cette différence en lumière et la fixer dans la mémoire. Le jeune Pascal, enfermé seul dans une chambre, avait découvert un assez grand nombre de théorèmes de géométrie. Tout ce qu'il aurait pu découvrir ainsi par l'acte pur de la réflexion appartient à l'ordre des vérités nécessaires; tout ce qu'il lui aurait été impossible de découvrir appartient à l'ordre des vérités contingentes. Or, en lui supposant un génie plus grand encore que le sien et un temps indéfini pour ses recherches, il aurait pu découvrir toutes les mathématiques pures et toute la métaphysique proprement dite; mais aucune donnée de physique, de chimie, d'histoire ou de géographie n'aurait pu être le résultat valable des excursions de sa pensée. On a bien voulu, dans l'école de Hégel, construire l'histoire de la nature et celle de l'humanité par des procédés purement rationnels; mais les résultats de ces tentatives ont fourni la preuve manifeste de leur inanité (16 et 44).

Les jugements de raison sont dits *a priori*, c'est-à-dire antérieurs à l'expérience, et les jugements de faits sont dits *a posteriori,* c'est-à-dire subséquents à l'expérience. Il ne faut pas entendre ces termes en ce sens que les jugements de raison pourraient se formuler sans aucune expérience quelconque. Pour penser il faut vivre, et la vie, dans ses manifestations les plus élémentaires, renferme les données fondamentales de l'expérience; mais l'expérience, qui est la condition du développement de la pensée dans sa généralité, et par conséquent de la manifestation de l'élément *a priori,* n'en est pas le pouvoir producteur. Il est très important de ne pas confondre, comme on le fait souvent, les deux idées fort distinctes de la production d'un phénomène et des conditions qui lui permettent de se manifester.

La distinction des vérités de raison, universelles et nécessaires, et des affirmations de fait, toujours contingentes, ne saurait être sérieusement contestée. Nous n'avons pas ici à prendre en considération la thèse que la nécessité de certains jugements ne serait pas primitive, mais serait le résultat de l'habitude et de l'hérédité. Cette thèse suppose la différence *actuelle* des jugements nécessaires et des jugements contingents ; et c'est ce fait que nous avons pour le moment à enregistrer. Quelle que soit l'explication qu'on en donne, le fait subsiste.

8. *Pour obtenir une idée complète de la science, il faut en préciser la nature, la méthode, la valeur et les postulats.*

Préciser la nature de la science, c'est en déterminer l'objet et le point de vue sous lequel cet objet est considéré. La question qui se pose ensuite est celle de la route à suivre pour atteindre le but indiqué; c'est la question de la méthode. La détermination de la valeur de la science doit avoir pour effet de justifier ses prétentions en ce qu'elles ont de légitime, et de maintenir ces prétentions dans de justes limites.

Un postulat est une affirmation qui est supposée par une autre, et qui par conséquent s'y trouve contenue. C'est en ce sens que Kant affirme que la liberté est le postulat du devoir. Si la réalité du devoir est admise, la liberté morale se trouve démontrée par là même; car il ne saurait y avoir de devoir sans liberté. Un postulat sort par analyse de la proposition qui le contient. Si A est contenu dans B, en prouvant B, j'ai fait la preuve de A. Pour établir la valeur d'un postulat, il faut : 1° montrer qu'il est logiquement valable, c'est-à-dire qu'une affirmation est bien contenue dans une autre ; 2° apprécier la nature de l'affirmation qui renferme le postulat. Si cette affirmation est vraie, le postulat l'est aussi ; si elle est fausse, son postulat n'a aucune valeur, en sa qualité de postulat. Il n'en résulte pas qu'il soit faux. Un syllogisme vicieux peut se terminer par une proposition vraie en elle-même mais illégitime à titre de conclusion.

De même l'erreur d'une affirmation n'entraîne pas nécessairement celle de ses postulats. Par exemple la thèse de l'efficacité des remèdes homéopathiques a deux postulats. L'un est que la substance qui cause un mal déterminé est propre à le guérir *(similia similibus curantur)*; l'autre est que des doses extrêmement petites peuvent avoir une action considérable. Supposons (ce que je n'affirme pas) que l'idée de l'efficacité des remèdes homéopathiques soit une erreur, il n'en résulterait pas que le premier des deux postulats indiqués soit faux, parce que l'erreur pourrait provenir du second. Les postulats de la science dans sa généralité sont les affirmations que toute recherche scientifique suppose et qu'on peut en extraire par l'analyse (70).

NATURE DE LA SCIENCE

9. *L'objet de la science est la réalité.*

Savoir, c'est mettre sa pensée personnelle d'accord avec les jugements vrais. Le jugement n'a pas d'existence en soi; il ne peut exister que dans la pensée qui le formule ; mais la pensée a un objet qui n'est pas elle-même. S'il n'y avait pas d'objets distincts de la pensée, il n'y aurait ni erreur ni vérité, l'erreur et la vérité étant des rapports qui supposent toujours deux termes. Les jugements vrais sont l'objet du travail personnel de l'esprit, et les jugements sont vrais lorsqu'ils sont l'expression de rapports réels existant entre les choses, et non pas des fantaisies de l'imagination ou des erreurs de l'intelligence. Les choses qui existent sont des réalités ; comment nous sont-elles connues?

10. *Les réalités directement connues nous sont révélées par l'expérience.*

L'expérience constate une action faite ou subie. Je connais mes actes volontaires en tant qu'ils procèdent de moi. Mes sentiments, qui sont en moi comme des modes de mon être propre, n'ont pas leur origine dans l'acte de ma volonté. Je les subis, c'est-à-dire qu'ils se manifestent par une action contre laquelle je peux réagir, mais à l'égard de laquelle je suis primitivement passif. Les objets extérieurs me sont révélés par la résistance qu'ils opposent à mon effort, et par une action exercée sur moi par l'intermédiaire de ma sensibilité. Sans la conscience de mes actes et de mes sentiments, et sans des rapports dont je suis un des termes, et qui se manifestent en moi par des impressions éprouvées, je n'aurais aucune connaissance quelconque. Il peut exister un nombre illimité d'objets réels qui n'exerçant sur moi aucune action pourront me demeurer éternellement inconnus (67).

Tout acte suppose un agent.

Les agents peuvent exister à l'état purement virtuel, mais ils ne peuvent se manifester que par leurs actes. Le fondement de toute connaissance est un *fait,* et le mot fait dérive du verbe faire. Le terme réalité paraît avoir la même origine, car réalité vient de *res,* et le *res* des latins a la même racine que le verbe grec $\rho\acute{\epsilon}\zeta\omega$ qui désigne l'action. Telle est du moins l'une des opinions émises par les étymologistes.

Toute réalité directement connue est un résultat de l'expérience ; mais il ne faut pas en conclure que les données de l'expérience soient les limites de nos affirmations légitimes ; notre savoir en ce cas serait extrêmement borné. Nous affirmons des réalités qui ne sont pas l'objet d'une connaissance immédiate, mais qui se révèlent à la pensée comme l'explication nécessaire et la raison d'être des faits qui nous sont directement connus (18).

11. *Les réalités directement connues sont matérielles, spirituelles ou idéelles.*

Les réalités qui se manifestent par une contrainte exercée sur la pensée personnelle peuvent être sensibles, psychiques ou rationnelles.

L'expérience sensible ou externe résulte des fonctions de nos organes. Notre corps propre est en rapport avec des corps étrangers dont nous avons la perception et qui excitent en nous des sensations diverses. C'est ainsi que nous acquérons la connaissance des réalités matérielles.

L'expérience interne nous révèle les actes et les modes de notre propre esprit et constate ainsi des réalités psychiques. Nous ne connaissons directement que les faits psychiques qui se produisent en nous ; mais, par l'induction qui nous fait admettre des esprits semblables au nôtre, et par la foi accordée au témoignage (49), nous constatons des réalités psychiques autres que celles dont nous avons en nous-mêmes la connaissance immédiate : ce sont les réalités spirituelles.

Les données de la raison qui s'imposent ont une valeur indépendante de la pensée individuelle qui les conçoit. Ces données de la raison ont une réalité que l'on peut nommer *idéelle*. Le mot idéelle est un néologisme, mais un néologisme qui semble justifié, parce que le terme *idéal* a reçu, dans l'usage ordinaire, une valeur esthétique qui est étrangère aux conceptions purement rationnelles. Les données de la raison s'imposent à moi comme la règle de mes pensées personnelles. Il y a donc là une action exercée, c'est-à-dire un fait. Les idées rationnelles ont donc une réalité révélée par l'expérience ; mais ce sont ces idées elles-mêmes qui sont l'objet de la pensée et non le fait de leur présence. Si je dis : « la neige est blanche », j'affirme le fait d'une sensation éprouvée que je rapporte à sa cause conçue objectivement. Si je dis : « l'envie est un sentiment pénible », je formule l'expression générale d'un fait psychique que j'ai pu constater en moi-même. Mais lorsque j'affirme que toute action suppose un agent (vérité métaphysique d'évidence immédiate), ou que la somme des trois angles d'un triangle est égale à deux droits (vérité mathématique déduite), ces jugements en eux-mêmes n'expriment aucun fait. Ce qui est fait, c'est l'obligation où je me trouve de penser ainsi ; mais le contenu des jugements n'a pas en lui-même un caractère expérimental. C'est pourquoi l'on distingue justement l'expérience de la raison, ce qui ne doit pas faire méconnaître que la présence de la raison en nous est un fait d'expérience. Dans l'usage ordinaire de la langue, le mot réalité ne s'applique pas à ce que nous appelons la réalité idéelle, et désigne les faits sensibles ou psychiques par opposition aux données *a priori* et aux généralisations abstraites.

12. *Les jugements vrais ne sont que les éléments de la science qui se compose de jugements liés entre eux.*

Les atomes, dont l'existence est admise par les chimistes, sont les éléments des corps; mais les corps, tels qu'ils se révèlent à l'expérience, n'existent que par l'agrégation des atomes. Les individus sont les éléments de la société, mais la société n'existe que par le lien qui les unit. De même, les jugements sont les éléments de la science; mais il n'y a pas de science sans les relations qui unissent les jugements entre eux. Des affirmations isolées seraient en nombre indéfini. La science est un organisme intellectuel qui se compose de principes et de conséquences, c'est-à-dire d'affirmations harmonisées par un lien qui les rassemble et donne de la cohésion à la pensée. Le lien des jugements s'établit par le moyen du raisonnement dont les lois sont l'objet de la logique.

13. *Le but de la science est d'expliquer les faits ou de rendre raison de l'expérience.*

Expliquer, c'est découvrir dans les faits un ordre qui puisse être reproduit par la pensée, en sorte que des jugements liés par le raisonnement se trouvent d'accord avec l'enchaînement des données de l'expérience. L'objet de la science est la réalité; le but de la science est de rendre la réalité intelligible, de faire que, comme le dit M. Pierre Laffitte,

« la succession de nos pensées traduise la succes-
« sion même des événements »[1].

Ce qui est expliqué est compris. La question posée est, par exemple, celle de la formation des glaciers; c'est le fait à expliquer. Je pars des lois physiques de la congélation, de la pesanteur, etc., etc. Par le moyen de déductions logiques, j'obtiens, à partir de ces principes, des conséquences rationnelles qui se trouvent conformes aux phénomènes observés; le fait est expliqué, je comprends. Prenons un exemple dans un autre ordre d'idées : La question posée est de savoir pourquoi Napoléon a déclaré à la Russie une guerre dont les conséquences ont été si terribles pour lui et pour la France. Je pars de l'idée du rêve d'une domination universelle que son orgueil avait conçu. Il lui fallait abattre la puissance de l'Angleterre. Arrêter le commerce de l'Angleterre c'était la ruiner. De là, comme conséquence, le décret du blocus continental. La Russie ne fermait pas ses ports au commerce anglais, il fallait l'y contraindre. De là, comme conséquence la déclaration de guerre. Les idées s'enchaînent comme les faits, je comprends.

14. *La science complète réclame: 1° l'accord de la pensée personnelle avec l'expérience; 2° l'accord de la pensée personnelle avec la raison; 3° la dé-*

---

[1] *Discours d'ouverture du Cours sur l'histoire générale des Sciences.* Paris 1892, page 23.

couverte des principes au moyen desquels peut s'établir l'accord de l'expérience et de la raison.

L'esprit individuel est le sujet de la science. Il observe les faits directement, ou par le moyen du témoignage, et il les observe bien ou mal. Il raisonne, bien ou mal, et, comme il n'y a pas de passage immédiat de l'expérience à la raison (45) il suppose pour l'explication des phénomènes des principes vrais ou faux. Par exemple, la mécanique céleste suppose : la constatation des phénomènes astronomiques ou les données de l'expérience ; le calcul mathématique qui est l'emploi de la raison ; la découverte de la loi de la gravitation à laquelle s'applique le calcul.

De ces conditions de la science, il résulte qu'elle peut être faussée de trois manières : 1° Par une mauvaise base d'observation ; c'est ainsi qu'une fausse mesure du méridien arrêta pour un temps les découvertes de Newton. 2° Par des erreurs de raisonnement ; c'est ce qui est arrivé à Képler qui n'a établi une des lois qui ont immortalisé son nom qu'après avoir rectifié des erreurs de calcul qu'il avait commises, et qui lui avaient fait, pour un temps, rejeter sa découverte comme une erreur. 3° Par une fausse supposition théorique ; c'est ainsi que l'idée de l'immobilité de la terre a entravé pendant longtemps les progrès de l'astronomie.

L'accord de la pensée avec la raison donne lieu aux sciences purement rationnelles ; l'accord de la pensée avec l'expérience donne lieu aux sciences purement expérimentales. Ces deux espèces de sciences ne sont que les éléments de la science complète.

15. *Les sciences purement rationnelles ont pour but l'accord de la pensée personnelle avec la raison.*

Le mot raison a deux sens : l'un objectif, l'autre subjectif. Subjectivement le mot désigne la faculté de penser dans sa généralité ; c'est en ce sens que chacun dit *ma* raison. Objectivement le mot désigne l'ensemble des vérités intellectuelles qui s'imposent par l'évidence et par la démonstration, c'est *la* raison (7 et 11). La raison au sens objectif, a, quant aux hommes, un caractère impersonnel puisqu'elle n'appartient en propre à aucun d'eux mais qu'elle est un bien commun auquel chacun participe. Quant à l'impersonnalité de la raison dans un sens absolu, ou à son existence en soi, c'est un système de philosophie dont l'examen n'aurait pas ici sa place naturelle. Il suffira de remarquer qu'il est bien difficile d'admettre l'existence d'idées sans un esprit qui les pense. En dehors de tout système, l'objectivité de la raison est un fait qu'il est impossible de méconnaître.

La raison est plus ou moins développée ; mais ses éléments les plus simples, qui sont l'abécédaire de la pensée, appartiennent à tous. Les propositions de l'arithmétique, par exemple, sont plus ou moins connues, mais dès qu'elles sont connues, elles sont les mêmes dans toutes les intelligences, à toutes les époques et dans tous les pays. C'est la vérité exprimée dans ces paroles connues de Fénelon :

« A la vérité ma raison est en moi, car il
« faut que je rentre sans cesse en moi-même
« pour la trouver ; mais la raison supérieure qui
« me corrige dans le besoin, et que je consulte,
« n'est point à moi, et elle ne fait point partie de
« moi-même. Cette règle est parfaite et immuable :
« je suis changeant et imparfait. Quand je me
« trompe elle ne perd point de sa droiture : quand
« je me détrompe, ce n'est pas elle qui revient au
« but ; c'est elle qui, sans s'en être jamais écartée,
« a l'autorité sur moi de m'y rappeler et de m'y
« faire revenir. C'est un maître intérieur qui me
« fait taire, qui me fait parler, qui me fait croire,
« qui me fait douter, qui me fait avouer mes erreurs
« ou confirmer mes jugements : en l'écoutant je
« m'instruis ; en m'écoutant moi-même, je m'égare.
« Ce maître est partout et sa voix se fait entendre
« d'un bout de l'univers à l'autre, à tous les hommes
« comme à moi. Pendant qu'il me corrige en France,
« il corrige d'autres hommes à la Chine, au Japon,
« dans le Mexique et dans le Pérou, par les mêmes
« principes. Deux hommes qui ne se sont jamais
« vus, qui n'ont jamais entendu parler l'un de
« l'autre, et qui n'ont jamais eu de liaison avec
« aucun autre homme qui ait pu leur donner des
« notions communes, parlent aux deux extrémités
« de la terre sur un certain nombre de vérités
« comme s'ils étaient de concert. On sait infaillible-
« ment par avance dans un hémisphère ce qu'on
« répondra dans l'autre sur ces vérités. Les hommes
« de tous les pays et de tous les temps, quelque édu-

« cation qu'ils aient reçue, se sentent invinciblement
« assujettis à penser et à parler de même[1]. »

Ces paroles expriment une vérité certaine, mais qui doit être renfermée dans ses justes limites. Les opinions des hommes sont extrêmement variables selon les temps, les lieux et le degré de culture des individus ; mais ce qui est commun à tous, ce sont les principes élémentaires de la raison. Les sauvages les plus dégradés qui n'ont point étudié la géométrie savent fort bien que la ligne droite est la plus courte entre ses extrémités, comme ils le montrent en prenant un chemin direct, lorsqu'ils sont pressés. La métaphysique leur est fort étrangère ; mais chaque fois qu'ils cherchent l'origine d'un bruit, ils montrent que le principe de causalité existe dans leur pensée.

La raison se distingue de l'expérience, mais ne s'en sépare pas. Sans le mouvement, nous n'aurions pas de conception de l'espace ; sans la perception des choses susceptibles d'être nombrées, l'idée du nombre ne se manifesterait pas. Il n'y a pas de développement de la raison sans une base expérimentale ; mais sous l'impulsion de l'expérience se manifeste un ensemble d'idées dont le contenu n'est pas expérimental. Ces idées forment l'objet des sciences purement rationnelles qui sont la logique, la métaphysique et les mathématiques.

---

[1] *De l'existence de Dieu,* 1re partie. Chapitre II.

16. *Les sciences purement rationnelles n'expliquent aucun fait, mais établissent a priori des vérités qui sont des moyens d'explication.*

Dans ces sciences on applique le raisonnement à des idées évidentes auxquelles se rattachent des séries de jugements démontrés. Il faut éviter soigneusement de confondre le caractère *a priori* des données de la raison avec la prétention de construire *a priori* la science des faits (44), prétention au résultat de laquelle peut s'appliquer le plus souvent cette sentence de Buffon : « Tout édifice bâti « sur des idées abstraites, est un temple élevé à « l'erreur. »

Les sciences rationnelles fournissent les moyens d'expliquer les faits, mais elles n'ont aucun fait dans leur propre domaine. Le mathématicien établit des théorèmes dont s'emparent l'astronome et le physicien ; le logicien et le métaphysicien élaborent des formules qui sont à la base de tout le travail de la pensée. Il y a là quelque chose d'analogue à la préparation des outils dans les arts industriels; c'est pourquoi l'on peut dire que, par opposition à la science complète, les sciences purement rationnelles ont un caractère instrumental.

17. *Les sciences purement expérimentales ont pour but l'accord de la pensée personnelle et des faits.*

Mettre la pensée personnelle d'accord avec les faits, c'est former des jugements qui soient l'expression fidèle des perceptions, s'il s'agit de réalités sensibles, et des données immédiates de la conscience s'il s'agit de phénomènes psychiques.

L'objet de la science purement expérimentale se compose de tout ce qu'il est possible de constater immédiatement. Si j'affirme que la vapeur d'eau se compose d'oxygène et d'hydrogène, que, dans certaines circonstances, un nerf coupé produit un développement de chaleur, qu'un certain champignon a des propriétés vénéneuses, qu'une certaine quantité d'alcool introduite dans l'estomac d'un homme trouble l'exercice de ses facultés : ce sont là des affirmations dont la vérité peut être immédiatement constatée par l'observation et par l'expérience. Les affirmations de cette nature sont loin de satisfaire aux exigences de la pensée. Constater est le point de départ et le fondement de toute recherche sérieuse ; mais l'esprit scientifique, après avoir constaté, veut expliquer. Il n'y a pas en réalité de sciences purement expérimentales ; mais il y a, dans chaque science, une partie expérimentale qui est la collection des matériaux à employer pour la construction d'une théorie. La chimie est une science essentiellement expérimentale ; mais dans le volume de M. Wurtz sur la *théorie atomique*[1], et dans tous les ouvrages analogues, la pensée du savant dépasse continuellement la simple expression des faits observés.

[1] Un volume de la *Bibliothèque scientifique internationale*, Paris, Germer Ballière, 1879.

18. *La science complète est expérimentale et rationnelle, parce qu'elle est explicative.*

Les sciences purement rationnelles ne sont qu'instrumentales; les sciences purement expérimentales constatent et n'expliquent pas. Expliquer est le but du travail de la pensée (13 et 14) et l'explication se fait par le moyen du raisonnement, lorsqu'on a découvert, en les supposant, les vérités générales auxquelles doivent s'appliquer les lois de l'intelligence (52). Nous pouvons discerner ici la partie vraie du *positivisme,* et signaler dans cette doctrine la part de l'erreur. Aussi longtemps que le positivisme répète, après Bacon, que toute construction *a priori* est illusoire, et que l'étude des faits est la base indispensable de toute connaissance sérieuse, il affirme une vérité certaine; mais il s'égare, il méconnaît les tendances primordiales de la raison lorsqu'il affirme, par la bouche d'Auguste Comte, que la pensée doit se borner à la simple « coordination des faits ». Les faits sont l'objet d'une observation, ou le résultat d'une expérience. Si la pensée se confinait dans ce domaine, tout le passé lui échapperait. Il est manifeste, par exemple, que la théorie des glaciers, qui joue un si grand rôle dans la géologie moderne, n'est ni un fait observé, ni la coordination de faits observables.

La nature des phénomènes resterait entièrement en dehors des recherches d'un positivisme conséquent. Les ondulations de l'éther auxquelles nos physiciens ramènent la partie objective de la chaleur et de la lumière, ne sont ni des faits directement observables ni une simple coordination de faits de cette nature. La loi d'inertie, base de notre mécanique et, par la mécanique, de la physique entière, n'est assurément pas une donnée de l'observation. Il est vraisemblable que tous les positivistes contemporains admettent la théorie de Kopernik. Cette théorie est le principe de l'explication des faits et n'en est point la simple coordination. Si la méthode qui découle des théories positivistes était sérieusement appliquée, la science serait frappée de paralysie. Ampère, un grand inventeur, affirmait que les théories explicatives sont l'origine d'une foule de découvertes purement expérimentales. Milne Edwards a écrit : « Exclure les vues théo-« riques de l'histoire des phénomènes de la vie « serait priver les sciences naturelles d'un élément « qui leur est nécessaire [1] ».

Il faut donc reconnaître que la science n'admet pas seulement l'*expression* des faits, mais qu'elle affirme les réalités nécessaires à leur *explication;* ceci est capital. La question est de savoir à quoi se rattachent les déductions qui fournissent les explications des phénomènes.

19. *Les explications scientifiques résultent de déductions qui se rattachent aux idées de la classe, de la loi, de la cause et du but.*

Lorsque la pensée est en présence de réalités dont elle cherche à rendre raison, les déductions ne par-

---

[1] *Revue scientifique* du 13 décembre 1879, page 559.

tent pas, comme dans les sciences rationnelles, d'affirmations qui aient une évidence immédiate; mais elles se rattachent à des affirmations générales qui sont des suppositions dont nous avons indiqué déjà brièvement (14), et dont nous indiquerons, en avançant, avec plus de détails le caractère logique (52). Ces affirmations générales sont relatives à l'une ou à l'autre des quatres idées qui viennent d'être indiquées : classe, loi, cause, but.

Une doctrine qui joue un grand rôle dans la philosophie du moyen-âge est celle des quatre causes d'Aristote : la cause matérielle, la cause formelle, la cause efficiente et la cause finale. Voici l'une des applications les plus simples de cette doctrine célèbre : Supposons qu'il faille rendre compte de l'existence d'une statue ; il faudra déterminer : 1º la substance dont elle est faite (marbre, airain); c'est la cause matérielle; 2º l'idée de la statue, telle qu'elle existait dans la pensée de l'artiste ; c'est la cause formelle ; 3º le travail manuel qui a façonné la matière ; c'est la cause efficiente ; 4º le but en vue duquel l'artiste a exécuté son œuvre; (intérêt matériel, satisfaction de son sentiment esthétique); c'est la cause finale [1].

Lorsqu'on aura répondu aux quatre questions indiquées, l'existence de la statue aura reçu une explication complète. Quelques indications rapides

---

[1] Pour l'expression directe de la pensée d'Aristote, voir *Métaphysique* Liv. I, ch. 3. Liv. V, ch. 2. — *Physique* Liv. II, ch. 3.

suffiront pour montrer les rapports des quatre causes d'Aristote avec les quatre idées de la classe, de la loi, de la cause et du but. La cause matérielle rentre dans l'idée de la classe en tant que celle-ci désigne simplement une substance déterminée, comme cela a lieu en chimie par exemple. La cause formelle rentre aussi dans l'idée de la classe en tant que celle-ci désigne un type, un principe de coordination des éléments, comme c'est le cas en biologie; elle rentre dans l'idée de la loi, s'il s'agit d'une succession de phénomènes. La cause finale est l'idée même du but. Enfin la cause efficiente est le pouvoir producteur des phénomènes; c'est la cause vraie, ce que nous appellerons simplement la cause. La terminologie destinée à formuler la pensée d'Aristote n'est pas exempte d'inconvénients parce que l'emploi du terme *cause* dans des acceptions différentes risque de créer des équivoques. Ce qu'Aristote a distingué dans son analyse, ce sont les conditions d'existence d'un fait. La cause efficiente est l'une de ces conditions, mais n'est jamais la seule.

EXPLICATION PAR L'IDÉE DE LA CLASSE

20. *L'explication par l'idée de la classe résulte du principe que ce qui est vrai du genre, est vrai de l'espèce et de l'individu.*

Les mots *espèce* et *genre* ont un sens logique général dont la signification de ces mots en histoire naturelle n'est qu'une application spéciale. L'espèce est une classe d'individus ; le genre est une classe d'espèces. Ces termes ont une valeur relative. Ce qui est genre par rapport à des individus ou à des espèces d'ordre inférieur devient espèce par rapport à un genre d'un ordre plus élevé. Qu'on se représente une série de boîtes de différentes grandeurs enfermées les unes dans les autres. Chacune d'elles figurera le genre quant à celles qu'elle contient et l'espèce quant à celle dans laquelle elle est contenue. Le principe de tout raisonnement est que d'un jugement général on peut déduire des affirmations particulières et individuelles. Ce principe s'applique à l'idée de la classe : Voici un morceau de métal ; pourquoi a-t-il tel poids et telles qualités ? Je réponds que ce métal est du platine. L'explication résulte de la pensée que toute matière qui est du platine a ce poids et ces qualités. Un trait de caractère saillant chez un individu m'est expliqué par sa nationalité, parce que je pars de l'idée que les gens de sa nation offrent en général ce trait distinctif. J'observe dans la nature un mouvement qui ne résulte pas des actions physiques ; ce mouvement m'est expliqué par la présence d'un être vivant, parce que je pars de l'idée que la spontanéité des mouvements est une des manifestations de la vie. L'idée de la classe, qui fournit une première espèce d'explications, est un produit de la faculté de généraliser.

21. *La généralisation qui établit des classes, est la condition de la pensée scientifique.*

Il est certain que, comme l'a dit Aristote : « il n'y a pas de science du particulier. » Si chaque molécule, chaque plante, chaque animal, devaient être considérés isolément, la pensée ne pourrait s'énoncer que par des noms propres ; et l'absence des noms communs rendrait le savoir impossible, puisqu'il faudrait un nombre indéfini de mots pour répondre au nombre indéfini des existences individuelles. La généralisation est donc indispensable, non seulement aux affirmations scientifiques, mais à la parole même. Aussi la généralisation est un fait naturel que l'on peut, à bon droit, dire instinctif. Dans le premier âge les noms propres deviennent des noms communs ; pour un enfant né à Lyon ou à Genève, tout cours d'eau est un Rhône.

22. *L'explication par la classe suppose la présence d'éléments semblables dans une multitude d'êtres d'ailleurs divers.*

Ceci est l'affirmation de la réalité objective des classes, qu'on ne saurait contester sans renverser les bases de la science, et qu'on conteste cependant sous l'influence d'une doctrine fausse.

Les existences révélées par l'expérience immédiate sont toujours individuelles ; c'est pourquoi les philosophes empiristes sont portés à croire qu'il n'y a que des individus dans la nature, et que les classes n'existent que dans notre pensée. S'il en était ainsi, nos classifications seraient arbitraires ;

et le savant les créerait à son gré. Il est certain cependant que l'effort de la science a pour objet la détermination des classes et non pas leur création. Le grand naturaliste Agassiz a développé cette pensée avec beaucoup de force et d'autorité [1]. On peut se servir, en attendant mieux, d'une classification *artificielle,* mais le savant a toujours pour but la découverte d'une classification *naturelle*. S'il en était autrement, les classifications pourraient être plus ou moins commodes, au point de vue pratique, mais auraient toutes la même valeur au point de vue de la vérité, ce qui est absolument insoutenable. Qui donc oserait dire qu'une classification botanique fondée sur la couleur des corolles a la même valeur scientifique que celle qui part de la considération des organes essentiels de la vie? Les classes ont une réalité idéelle avec laquelle la pensée personnelle cherche à se mettre d'accord. On ne conteste pas la réalité des classes en chimie ; personne ne suppose que la distinction des corps simples soit, à aucun degré, arbitraire. On ne la contesterait pas en histoire naturelle si l'on distinguait deux questions que l'on confond parfois, malgré leur différence essentielle, celle de la réalité des espèces et celle de leur origine.

Les êtres enfermés dans une même classe sont désignés par un nom commun. Imposer un nom commun à une multiplicité d'objets, c'est admettre

---

[1] *De l'Espèce et de la Classification en zoologie.* — Paris, Germer Baillière 1869. — Voir spécialement les pages 9 et 10.

que ce nom légitimement appliqué permet une série d'affirmations légitimes : celles des caractères communs à des êtres d'ailleurs différents sous d'autres rapports. En désignant un métal par le terme *or,* je pose les bases d'une série d'affirmations sur sa densité, sa malléabilité, etc. En désignant un végétal par le nom *palmier,* je pose les bases d'une série d'affirmations sur le climat qui lui permet de vivre, sur la nature de ses fruits, etc. Condillac enseignait que la science n'est pas autre chose qu'une langue bien faite. Il n'y a rien à objecter à cette thèse, pourvu que l'on comprenne que la découverte de la vérité est la condition d'une bonne nomenclature. Une amélioration de la langue est une source de progrès pour la science; mais l'établissement d'une bonne langue scientifique ne peut être que le résultat et l'expression d'une science vraie. Il y a là deux éléments qui se prêtent un mutuel appui, mais dont la valeur est inégale. En les maintenant dans les limites de leur valeur réelle, il faut dire qu'une langue bien faite est le résultat beaucoup plus que la cause de notre savoir. Signaler dans la parole la source principale des progrès de la pensée, et non dans la pensée la source principale des progrès de la parole est une erreur singulière et considérable.

23. *Les éléments communs aux êtres d'une même classe constituent leur essence.*

Le terme *essence* est défini dans le Dictionnaire de l'Académie française : « ce qui fait qu'une chose est ce qu'elle est, ce qui constitue sa nature. » Cette définition prête le flanc aux attaques du scepticisme. On peut dire, et l'on dit, que nous n'avons aucun moyen de savoir ce qu'une chose est en elle-même, que les essences sont *inatteignables* pour nous, en sorte que le mot qui les exprime doit disparaître du vocabulaire d'une science prudente. Mais, si la détermination objective de l'essence des choses soulève des difficultés que nous n'avons pas à examiner maintenant, il n'en est pas de même de la détermination subjective de cette notion. L'essence au point de vue subjectif, le seul qui nous importe ici, est l'ensemble des propriétés sans lesquelles la conception des éléments communs aux êtres d'une même classe disparaît dans notre pensée. Tout objet réel ou simplement idéel a des caractères communs à son espèce qui lui sont essentiels et d'autres caractères qui sont simplement accidentels, parce qu'ils ne font que distinguer un individu d'un autre dans une même espèce. Il est essentiel à un toit de couvrir un bâtiment, puisque ce qui ne couvrirait pas un bâtiment ne serait pas un toit ; mais que le couvert soit de tuiles, d'ardoises, de planches, de feuilles, qu'il ait une forme ou une autre, cela est accidentel, parce que, dans tous les cas, ce qui constitue le toit subsiste. L'essence d'un triangle est d'avoir trois angles et trois côtés. Toute figure qui a trois angles et trois côtés est un triangle. Que la figure soit rectangle, scalène, isocèle, d'une grandeur ou d'une autre, cela est accidentel quant à la conception du triangle en général.

L'essence des corps est une résistance localisée dans l'espace. Le son, qui n'existe pas pour les sourds, les couleurs, qui n'existent pas pour les aveugles, sont des propriétés accidentelles de la matière ; mais, l'idée d'une résistance dans l'espace enlevée, l'idée du corps s'évanouit. L'essence du carbone est constituée par les caractères communs à toutes les sortes de charbons et au diamant. Si l'on veut savoir ce qu'est l'essence d'un chêne, d'un chien ou d'un homme, il faut préciser les caractères sans lesquels ces noms ne répondraient plus à aucune conception distincte.

L'essence des choses est l'objet de leur définition. La description d'un objet individuel peut renfermer un nombre quelconque de caractères ; mais la définition scientifique ne doit exprimer que les caractères de l'espèce qui, parce qu'ils caractérisent l'espèce, sont essentiels à tous les individus qu'elle renferme. La définition s'applique au nom commun précédé de l'article et le nom commun peut être individualisé par l'adjectif démonstratif. Lorsque je dis *le* cheval, j'exprime une idée générale qui n'a pour contenu que les caractères essentiels d'une classe ; l'expression *ce* cheval désigne un animal déterminé.

On peut constater une analogie entre le sens philosophique du mot essence et la signification de ce terme dans la parfumerie, en observant que le parfumeur extrait de plusieurs plantes l'odeur qui leur est commune.

24. *Dans les sciences de faits, l'essence suppose une substance.*

La substance est le support, le sujet d'inhérence des propriétés. Toute propriété ou qualité est nécessairement attribuée à un être. L'être est la substance ; les propriétés et les qualités sont ses modes. Cette considération s'applique à la réalité entendue dans le sens ordinaire de ce terme. Dans les sciences purement rationnelles la pensée s'attache à des essences qui ne supposent pas de substances. La sphère géométrique n'a pas de réalité hors de la pensée, c'est-à-dire que sa réalité est purement idéelle, mais un corps sphérique a une réalité substantielle ; la forme exprime un de ses attributs. En géométrie pure la forme n'est pas un attribut, puisqu'elle est le concept même auquel s'appliquent les affirmations de la science.

Qu'est la substance dépouillée de tous ses attributs, ou, ce qui revient au même, qu'est-ce qu'une chose abstraction faite de toutes ses propriétés, une chose en soi ? Les propriétés sont des rapports et les êtres ne nous sont connus que par leurs rapports avec nous. Demander la détermination d'un être en soi, indépendamment de ses relations avec les autres êtres et spécialement avec l'esprit humain, qui est le sujet de toute connaissance, c'est oublier le caractère nécessairement relatif de la science humaine (67), c'est demander une détermination impossible par la position même de la question. Si rien ne peut être connu que par un rapport, demander la connaissance d'une chose, abstraction faite de tout rapport, est une contradiction manifeste.

Toute explication scientifique part donc des essences, c'est-à-dire des propriétés primordiales des êtres ; la considération de la substance pure demeure inféconde. Il s'est produit à cette occasion une erreur assez répandue qui a pour origine la fausse interprétation d'une vérité certaine. De ce que l'idée de la substance est inféconde sous le rapport des déductions explicatives, on a conclu que cette idée doit être bannie de l'esprit humain ; mais bannir la substance de la pensée, ce serait en bannir l'idée de la réalité. Vouloir s'en tenir aux rapports, en excluant la conception des êtres, c'est oublier cette vérité d'une évidence immédiate que ce n'est qu'entre les êtres qu'il peut exister des rapports.

Nous ne connaissons, dit-on, que des phénomènes, c'est-à-dire des apparences. Mais le phénomène suppose la chose qui apparaît et le sujet qui la perçoit. Amiel, dans un des moments où les excursions variées de son esprit l'ont mis en présence de la vérité, a fait à ce sujet la juste remarque que voici :
« L'esprit étant le sujet des phénomènes ne peut
« être lui-même phénomène ; le miroir d'une image,
« s'il était une image, ne pourrait être un miroir.
« Un écho ne saurait se passer d'un bruit. La
« conscience c'est quelqu'un qui éprouve quelque
« chose ; tous les quelque chose réunis ne peuvent
« se substituer au quelqu'un. Le phénomène n'existe

« que pour un point qui n'est pas lui, et pour lequel
« il est un objet ».[1]

25. *La science cherche à déterminer les classes primitives, ou les substances simples dont les êtres sont composés.*

L'admission de classes fixes, dont on puisse affirmer des propriétés constantes, est une des conditions de la science ; mais la recherche scientifique ne s'arrête pas à la considération de classes quelconques. Les êtres constituant une classe fixe peuvent être composés ; et, comme le remarque Leibniz au début de sa *Monadologie,* s'il existe des composés, il existe nécessairement des simples. De cette pensée naissent des tentatives d'analyse pour découvrir les classes primitives dont les êtres composés présentent la synthèse. L'eau, par exemple, est une classe renfermant un nombre indéfini de molécules dont on peut affirmer certaines propriétés constantes ; mais l'eau n'est pas un corps simple ; c'est un composé d'oxygène et d'hydrogène. La chimie offre l'exemple le plus complet de ces analyses qui vont du composé au simple, analyses dont les résultats sont justifiés par la synthèse des éléments que l'on a d'abord séparés. Cette science a le privilège de pouvoir démontrer un très grand nombre de ses affirmations en les montrant réalisées dans un laboratoire. La même tendance à l'analyse se manifeste dans les autres sciences. Claude Bernard, par

---

[1] *Fragments d'un Journal intime,* tome II, page 200.

exemple, cherche à ramener tous les organes des corps vivants à trois éléments : les nerfs sensitifs, les nerfs moteurs et les muscles, éléments composés quant à la matière qui les constitue, mais relativement simples quant à la variété des organes qui résultent de leurs combinaisons diverses. Le problème posé à la science sociale est de discerner, si possible, les facteurs premiers qui, par leur assemblage et leurs actions réciproques, pourraient rendre compte de l'état de l'humanité et de son histoire. L'esprit scientifique porte toujours la pensée à décomposer les objets de ses investigations, et à réduire autant que possible le nombre des substances que l'on doit considérer comme primitives (54). Il est vrai que la chimie a augmenté notablement, depuis un demi siècle, le nombre des corps dits simples parce qu'ils sont réfractaires à l'analyse des laboratoires ; mais nombre de savants, et même de savants très circonspects, sont conduits par les instincts de la raison à entrevoir un état de la science plus simple, et probablement plus vrai.

La première question de la science est celle de la classe, question qui s'exprime par : *Qu'est ceci ?* ou *Quoi ?* Quand l'explication est fournie par l'attribution à l'individu des caractères de son espèce, par l'attribution à l'espèce des caractères de son genre, l'esprit se satisfait par une affirmation générale qui sert de base à un nombre indéfini d'affirmations particulières. Dans la mesure où la recherche réussit, on obtient la désignation des éléments primitifs de l'univers. Ces éléments ne sont pas isolés ; l'analyse qui les distingue sépare des existences qui sont étroitement unies et souvent inséparables. Toutes choses dans la réalité sont en rapport les unes avec les autres, et exercent les unes sur les autres des actions réciproques. Le monde n'est pas une réunion d'êtres fixes, mais un ensemble de faits qui constituent la vie. Quel est le mode de la simultanéité ou de la succession de ces faits ? C'est après la question du *Quoi ?* la question du *Comment ?* qui trouve sa réponse dans la considération des lois.

EXPLICATION PAR L'IDÉE DE LA LOI

26. *Les lois sont des formules qui expriment le rapport d'un antécédent à un conséquent.*

Une loi suppose toujours un antécédent et un conséquent: Ceci étant, cela sera; ou bien : ceci étant, cela doit être. Le carbone et l'oxygène étant mis en présence, dans des quantités et des circonstances déterminées, il se produit de l'acide carbonique ; voilà une loi chimique ; la présence du carbone et de l'oxygène est l'antécédent ; la production de l'acide carbonique est le conséquent. Le frottement produit de la chaleur: voilà l'expression d'un fait général constituant une loi physique; le frottement est l'antécédent, le dégagement de chaleur le conséquent. Tout végétal (palmier, vigne, olivier) périra s'il est soumis à une température de tel degré:

voilà une loi biologique ; la température est l'antécédent, la mort du végétal le conséquent. Si je dis que l'anarchie amène le despotisme, je résume un grand nombre de faits d'expérience sous la forme d'une loi historique ; l'anarchie est l'antécédent, le despotisme le conséquent. Lorsque la patrie est attaquée elle doit être défendue : voilà une loi morale ; l'attaque à la patrie est l'antécédent, le devoir de la défendre le conséquent.

L'énoncé de la simple succession de deux phénomènes est l'expression d'un fait isolé, et, n'est pas une loi. Pour qu'il y ait loi, il faut qu'une formule exprime la constance d'une certaine succession ou d'une certaine simultanéité dans un ensemble de phénomènes.

L'explication par la loi a donc le même caractère logique que l'explication par la classe ; elle rattache une affirmation particulière à une affirmation générale.

27. *La science suppose que les lois ont un caractère de constance.*

S'il n'existait pas des lois fixes dans la succession des phénomènes, la pensée, ne pouvant jamais saisir que des faits isolés, se trouverait dans la même situation que s'il n'existait pas des classes fixes de substances, c'est-à-dire que la science serait impossible (22). Il faut seulement prendre garde de ne pas confondre la constance des lois naturelles avec le déterminisme absolu des phénomènes de tous les ordres (28. 29. 30). Il est facile d'entendre que, sans la fixité des lois, le monde serait inintelligible. Cette fixité des lois concerne l'espace. Si un corps, dans des conditions supposées identiques sous tous les rapports sauf celui du lieu, se comportait autrement à Londres ou à Pékin qu'à Paris ou à Rome, la physique serait impossible. La fixité des lois concerne aussi le temps. Comment les anciens Egyptiens ont-ils remué les blocs de pierres qui composent leurs pyramides ? Personne ne songerait à admettre, pour l'explication du fait, la pensée que les lois de la mécanique étaient autres, il y a quelques milliers d'années, qu'elles ne sont aujourd'hui.

L'esprit scientifique cherche à réduire le nombre des lois et à s'approcher, autant que possible, des lois primitives et simples, comme il le fait pour les classes des substances. L'écoulement des eaux des rivières s'explique par la loi de la pesanteur terrestre ; la pesanteur terrestre s'explique par la loi générale de la gravitation des masses ; la pensée va plus loin, et l'on se demande si la gravitation, par laquelle on explique le mouvement des corps formant des masses déterminées, n'est pas contenue dans une loi de gravitation universelle qui s'appliquerait aux mouvements des molécules comme a ceux des astres.

Toutes les lois ont le même caractère au point de vue abstrait d'une logique purement formelle, mais les explications qu'elles fournissent varient selon la nature des faits dont il faut rendre raison.

28. *Les lois de la nature sont toujours réalisées.*

Dans tout l'ordre des phénomènes naturels il y a identité entre les faits et les lois qui les expriment par la raison fort simple que ces lois sont, par essence, l'expression des réalités révélées par l'observation. Les lois fausses sont des erreurs de la pensée qui se corrigent par la constatation des faits. Par exemple, l'ancienne doctrine des physiciens que le nature a horreur du vide était une loi. Le vide était l'antécédent, le mouvement de la matière pour le remplir était le conséquent. L'expérience a prouvé que la loi était fausse, comme le démontre la colonne d'eau dans un corps de pompe, ou la colonne de mercure dans le tube d'un baromètre.

L'identité des phénomènes et des lois suppose l'inertie de l'objet d'application des lois, d'où résulte, dans tout le domaine des faits où la loi d'inertie est réalisée, un déterminisme absolu. Ce déterminisme des phénomènes a pour conséquences : l'explication des faits passés par les lois actuellement constatées (c'est la base de la géologie), et la prévision des faits à venir (c'est la base de tous les calculs astronomiques relatifs à la position future des astres); mais le pouvoir de l'homme sur la nature lui permet de modifier les phénomènes lorsqu'il peut intervenir dans leur accomplissement ; c'est pourquoi conclure de la fixité des lois au déterminisme absolu des faits naturels est une erreur considérable. La possibilité de l'intervention de l'homme détermine la limite de la certitude que peut avoir la prévision des faits naturels. Nous ne pouvons exercer aucune influence sur le mouvement des astres ; c'est pourquoi les astronomes forment, au sujet des éclipses par exemple, des prévisions qui ne se trouvent jamais démenties. Mais l'homme intervient comme cause dans les phénomènes terrestres et les modifie. Le déboisement d'une contrée en change le climat; un système d'écluses modifie l'écoulement d'une rivière. Les travaux de l'agriculture et de l'industrie produisent sur la surface du globe une foule de phénomènes variables qui manifestent la présence de causes libres modifiant le cours naturel des choses. Mais ce qui change, c'est l'application des lois par le changement des circonstances dans lesquelles les lois s'appliquent ; les lois en elles-mêmes changent si peu que ce n'est que par la connaissance acquise de leurs caractères constants qu'on peut modifier leurs résultats. Toutes les fois que les conditions demeurent les mêmes, un phénomène physique se réalise de la même manière. Il s'agit donc là de lois toujours réalisées ; mais il en est d'autres qui présentent un caractère différent.

29. *Les lois logiques et les lois morales sont l'expression de ce qui doit être.*

En physique, un antécédent étant donné, un certain conséquent suit invariablement. Ceci étant, cela est ou sera. En logique et en morale, l'expression des lois est : ceci étant, cela doit être. De telles prémisses, telles conséquences doivent sortir si on raisonne bien. Dans telles conditions déterminées, tel acte ou tel sentiment est imposé par le devoir. La réalisation de ces lois est nécessaire pour parvenir à la vérité et pour réaliser le bien; mais l'erreur, qui est le mal de l'intelligence, et le péché, qui est le mal de la volonté, sont des faits d'où résulte que, ceci étant, cela doit être, mais n'est pas toujours. Les systèmes formulés par l'intelligence se séparent de la vérité, et les mœurs se mettent souvent en contradiction avec la morale. Les lois logiques s'établissent par l'étude de la raison et les lois morales par l'observation de la conscience dont la raison généralise les ordres. Tandis qu'en physique les phénomènes sont toujours conformes à des lois qui ne sont que l'expression de ce qui est, les pensées et les actions des hommes se conforment ou ne se conforment pas à leurs règles légitimes. La question n'est pas seulement de découvrir les lois, mais d'y soumettre sa pensée et sa volonté. Les lois logiques et morales considérées en elles-mêmes sont aussi fixes que les lois de la nature; mais ces dernières régissent une matière inerte, les premières sont proposées à des êtres doués d'un élément de libre arbitre; de là la différence des deux cas.

30. *Les lois psychiques sont modifiées dans leur application par les actes de la volonté.*

Il existe des lois psychiques exprimant la liaison naturelle des faits dont l'esprit humain est le sujet. Elles indiquent les associations des divers éléments de la vie de l'esprit: désirs, sentiments, idées, volitions. Ces lois considérées en elles-mêmes, ont un caractère de constance comme toutes les autres lois. Mais les associations naturelles des éléments psychiques peuvent être rompues par l'acte des volontés. C'est pourquoi, de même que les faits peuvent être conformes ou non aux lois logiques et morales, ils peuvent être conformes ou non aux lois de l'association naturelle des phénomènes. Voici, par exemple, une loi psychique qui résume un grand nombre d'observations : l'oisiveté engendre le vice. L'oisiveté est un antécédent, le vice est son conséquent. Mais il se peut que le sentiment même de cet enchaînement naturel éveille la conscience d'un individu, et que, par un effort moral, cet individu se mette au travail. Dans ce cas, l'oisiveté aura produit, non pas le vice, mais la tentation du vice ; la tentation aura produit l'éveil de la conscience ; l'éveil de la conscience aura produit l'effort ; la liberté sera intervenue pour prévenir l'association exprimée par la loi, non pas en détruisant cette loi, qui demeure, mais en détruisant son antécédent.

Les lois psychiques expriment une nature des choses qui se réalise dans la mesure où la liberté n'intervient pas. Sans permettre des prévisions détaillées et certaines, elles permettent donc des prévisions générales et probables, dont la connaissance est fort utile. Les théoriciens du socialisme se trompent lorsqu'ils admettent la toute-puissance des institutions, et qu'ils identifient l'action que l'on peut exercer sur les hommes avec l'action de l'industrie sur une matière inerte. Les théoriciens de l'éducation s'égarent lorsqu'ils croient à la toute-puissance des méthodes pédagogiques. Ces erreurs sont une source féconde d'illusions; mais il ne faut pas, par une réaction aveugle, se jeter dans une erreur contraire en niant l'influence des institutions sociales et le pouvoir de l'éducation. Les lois psychiques sont des lois réelles, bien que les déterminations de la volonté en modifient l'application; les directeurs des affaires publiques et les personnes chargées de l'éducation des enfants ont le plus grand intérêt à les connaître.

31. *Les lois supposent des causes.*

La découverte des lois satisfait l'esprit en ramenant les faits particuliers à des faits généraux; mais la raison ne saurait s'arrêter aux lois comme à une explication définitive et suffisante. Le directeur de la *Revue scientifique,* M. Charles Richet, reconnaissant que l'instinct des animaux manifeste de l'intelligence, ajoutait que cette intelligence n'est ni dans l'animal ni dans ses ancêtres, mais « dans la loi de la sélection naturelle [1]. » Ce passage est fort digne d'attention parce qu'il met en vive lumière une des principales erreurs de la pensée contemporaine. Une loi manifeste de l'intelligence, mais ne saurait en avoir; une loi est l'objet de l'intelligence et ne peut en être le sujet. Moins encore peut-elle être le principe de la réalisation des faits qu'elle exprime. Les lois ne se réalisent que dans des êtres et par des êtres dont elles expriment

---

[1] *Revue scientifique* du 21 mai 1887, pages 656, 657 et 658.

les rapports et le mode d'action; et un être en tant qu'il agit est une cause.

Pendant longtemps la philosophie a été définie comme étant la science des causes. Aristote a dit: « savoir, c'est connaître par les causes », et Raphaël a exprimé une idée courante dans l'école lorsque, a côté de la figure par laquelle il a représenté la philosophie, il a écrit ces mots: *Causarum cognitio*. Dans l'époque moderne, on a fait une tentative énergique pour exclure les causes des recherches de la science. Dugald Stewart a écrit: « L'expérience « nous apprend que certains événements sont inva- « riablement associés; et de là vient que, si l'un « apparaît, nous attendons l'autre; mais nous ne « savons rien de plus..... Les anciens considé- « raient la philosophie comme la science des *causes*, « et cette fausse idée les conduisit à une foule de « spéculations qui dépassent tout à fait la compétence « des facultés humaines [1]. » Voilà la recherche des causes nettement proscrite; mais Dugald Stewart est tombé dans une contradiction manifeste qui fait plus d'honneur à sa piété qu'à sa logique. Il parle en effet de l'âme humaine comme étant la cause responsable de ses actes, et de Dieu comme étant la cause suprême de l'univers. Auguste Comte a reproduit la pensée de Dugald Stewart, et l'a développée dans toutes ses conséquences. Il en a fait la base de son système; mais il n'a pas réussi, mieux que le philosophe écossais, à maintenir sa pensée dans les

[1] *Esquisses de Philosophie morale,* §§ 3 et 4.

cadres de son programme. Dans la seconde partie de sa carrière, il a si bien reconnu la nécessité de l'idée des causes pour l'explication des phénomènes, qu'il formulait alors sa pensée à cet égard dans ce vers alexandrin qu'il donnait pour maxime à ses disciples :

« Pour compléter les lois, il faut des volontés [1]. »

Une équivoque née du double sens d'un terme n'a peut-être pas été sans influence sur la direction de la pensée qui a proscrit la recherche des causes. Le mot loi a un double sens, puisqu'il exprime tantôt ce qui est, et tantôt ce qui doit-être (26). Dans le premier sens, qui est seul employé dans les sciences de la nature, la loi exprime simplement ce qui est, et ne renferme aucune idée d'action ou de puissance. Dans le second sens, celui qui est employé dans les sciences morales et sociales, la loi est un commandement, et l'idée d'un pouvoir s'allie à celle d'un commandement. Il suffit cependant d'un peu de réflexion pour entendre qu'un commandement n'agit pas par lui-même (dans l'ordre moral l'expérience ne le montre que trop) mais qu'il est un simple motif, et qu'il ne peut être réalisé que par les volontés auxquelles il s'adresse. L'explication par la loi, bien que sa valeur soit très grande, soit au point de vue théorique, soit au point de vue pratique, n'est donc qu'un des éléments de l'explication totale des faits.

---

[1] De Lombrail. *Aperçus généraux sur la doctrine positiviste*, Paris, 1858, page 44.

EXPLICATION PAR L'IDÉE DE LA CAUSE

32. *Une cause est le pouvoir producteur d'un fait.*

La détermination d'une cause a une valeur explicative parce que la conception d'un pouvoir producteur est son idée même et qu'un pouvoir fournit l'explication de ses effets. Nous avons la perception directe d'une cause dans les actes de notre volonté. Cette idée se généralise, et se modifie en se généralisant. Elle se modifie surtout parce que la cause qui nous est directement connue (la volonté), est consciente et douée d'un élément de liberté, tandis que la conscience et la liberté disparaissent lorsqu'on applique l'idée de cause à l'enchaînement des phénomènes naturels.

Dans les explications scientifiques tirées de la classe et de la loi, la pensée va du général au particulier; dans l'emploi de l'idée de la cause, on passe de l'unité d'un pouvoir producteur à la multiplicité possible de ses résultats. Voici par exemple quatre faits : une maison incendiée, un animal tué, un troupeau dispersé, un homme renversé. Ces quatres faits peuvent avoir une cause unique : la foudre. La chute de la foudre les explique, et l'action de la foudre deviendra intelligible par la connaissance des lois de la physique et de la physiologie.

Considérons maintenant ces trois faits historiques : l'empire d'occident rétabli, des écoles fondées, les Saxons baptisés de force. Ces trois faits ont pour cause la volonté de Charlemagne. D'une manière générale, toute explication scientifique renferme la notion de l'unité ; mais expliquer par la classe et par la loi, c'est s'élever à la considération d'une unité abstraite et générale, d'où l'on descend au particulier et au concret ; expliquer par la cause, c'est remonter à une unité réelle et concrète capable de produire une multiplicité d'effets.

33. *La causalité n'est pas une simple succession.*

On a nié le caractère spécial de l'idée de la cause, en la ramenant à celle de la simple succession ou de la simultanéité des faits. C'est la tentative qui, dans les temps modernes, a été faite par Malebranche et plus explicitement par Hume [1]. Il est manifeste toutefois que la succession et la simultanéité des faits peuvent avoir un caractère accidentel et fortuit. Les premières années de l'empire français, sous le règne de Napoléon III, ont été des années de fertilité agricole ; il n'en résulte assurément pas que la forme du gouvernement momentanément acceptée par la France ait multiplié les produits de la terre. Mais lorsque deux faits sont associés d'une manière constante et qui paraît invariable, l'idée de la causalité est-elle simplement celle de leur succes-

---

[1] Fonsegrive. *Essai sur le libre arbitre*, page 173.

sion ou de leur simultanéité? Non. Une position déterminée de l'étoile Sirius coïncide pour nous avec l'époque ordinairement la plus chaude de l'année, c'est pourquoi cette époque porte le nom de caniculaire, *Canicule* étant un des noms de Sirius. Dirons-nous que la canicule est la cause de la chaleur? Gassendi remarque justement qu'en raisonnant de la même manière les habitants des antipodes concluraient que la canicule est la cause du froid.

La règle de méthode de Dugald Stewart. « si un événement apparaît, nous attendons l'autre, et nous ne savons rien de plus, » nous conduirait à demeurer dans la simple considération de la succession ou de la silmultanéité des phénomènes; mais tout le développement de la science est un démenti donné à cette règle de méthode. Le bruit du tonnerre succède à la lumière de la foudre : voilà une loi exprimant la succession de deux faits. La recherche du physicien s'arrête-t-elle là, dans la pensée que nous ne pouvons rien savoir de plus? nullement. Etablir que la décharge d'électricité qui produit l'éclair produit aussi l'ébranlement de l'atmosphère dont le son est le résultat, c'est passer de la constatation d'une simple succession de phénomènes à la considération de leur cause. Autre exemple : Un printemps très chaud est généralement suivi d'un retour de froid ; voilà une loi exprimant une succession de phénomènes, mais nous cherchons quelque chose de plus. Un printemps très chaud désagrège prématurément les glaces du pôle, dont les débris flottants se rapprochent de nos contrées et abaissent la température ; voilà la détermination d'une cause et d'une cause réelle si l'explication du phénomène est vraie.

Pour bien entendre cette distinction très importante des causes et des lois, comparons ces deux affirmations : dans le phénomène du choc un corps en déplace un autre, — les corps s'attirent dans un mode déterminé par la loi de la gravitation.— Voilà deux lois qui sont également constantes, également invariables. La première des affirmations est immédiatement susceptible d'une explication par la cause. En effet le déplacement d'un corps par le mouvement d'un autre est le résultat direct de l'idée de la matière. Dès qu'il est compris que l'essence du corps est d'occuper une partie de l'espace, il est compris par là même qu'un corps en mouvement tend à en déplacer un autre s'il le rencontre ; il n'y a pas d'explication ultérieure à chercher. Il n'en est pas ainsi pour la gravitation. La loi étant constatée, on demande sa cause. Si l'on n'admet pas que la gravitation est une manifestation primitive de la nature des choses, c'est-à-dire un acte direct de la cause première, on en cherche la cause dans un phénomène physique antécédent.

34. *Les causes sont des substances, c'est-à-dire des êtres.*

Une cause se révèle par une action. M. Littré a écrit : « L'univers nous apparaît comme un ensem-
« ble ayant ses causes en lui-même, causes que

« nous nommons ses lois »[1]. Il y a là une erreur de langage, car c'est méconnaître la valeur des mots que de donner aux causes le nom de lois et aux lois le nom de causes. Cette erreur de langage couvre une erreur de doctrine. Il s'agit de remplacer l'idée de la cause par celle de la loi, contrairement aux exigences manifestes de la raison (31). Répétons-le : les lois sont des idées ; or les idées n'agissent pas, elles ne peuvent qu'exprimer ou provoquer une action. Le terme d'*idée-force,* qui joue un grand rôle dans les travaux de M. Fouillée, est une expression vicieuse qui risque d'égarer la pensée. L'idée ne peut arriver à sa réalisation que par un agent qui la réalise, soit qu'il s'agisse d'une volonté consciente, comme c'est le cas pour l'homme, soit qu'il s'agisse d'une force inconsciente, comme celle que nous attribuons au germe d'un végétal. L'idée est l'expression d'un acte accompli, ou d'un acte à accomplir dans lequel elle intervient comme motif, elle ne peut jamais être une cause efficiente, une force. La gravitation est une loi, mais elle ne se réalise que dans les rapports que les corps soutiennent entre eux. La force est dans les corps et non pas dans la loi. Ce n'est pas la loi de la gravitation, mais la présence de la terre qui retient la lune dans son orbite ; et c'est la présence du soleil qui retient la terre dans le sien. Montesquieu a écrit : « Les « lois, dans la signification la plus étendue, sont

---

[1] *Paroles de Philosophie positive.* Brochure in-8°. Paris, 1859, page 34.

« les rapports nécessaires qui dérivent de la nature
« des choses »[1]. Les causes, dont les lois expriment
le mode d'action, sont les réalités proprement dites
qui constituent la nature des choses.

35. *Les causes sont de trois espèces : matérielles, spontanées, libres.*

Les causes matérielles, ou physiques, sont les corps. Un corps ne modifie jamais son propre mouvement, ainsi que nous l'enseigne la loi d'inertie, dont toute la physique moderne est la confirmation ; mais un corps modifie le mouvement d'un autre par l'impulsion, par la résistance et par l'action d'une nature inconnue dont la loi de la gravitation indique le mode. Toute cause de modification du mouvement porte le nom de force. Le corps n'est pas force par rapport à lui-même ; mais il est force par rapport aux autres corps ; il est donc un pouvoir producteur d'effets, une cause véritable. Le mode d'action des causes matérielles, dans la mesure où il nous est connu, est exprimé par les lois de la mécanique.

Dans l'état actuel de nos connaissances, les phénomènes que présentent les êtres vivants ne sont pas susceptibles d'être ramenés à des explications purement mécaniques. Il faut donc admettre, au moins provisoirement, qu'il existe dans les êtres vivants un principe de mouvement spontané sous l'influence duquel les forces physiques réalisent des types déterminés. Les phénomènes s'expliquent alors

---

[1] *Esprit des lois,* au commencement.

par l'idée de la cause, parce que la spontanéité du mouvement est contenue dans l'idée que nous nous formons du germe vivant. Le chêne s'explique par l'action combinée des forces physiques et d'un pouvoir attribué au gland. Pour les explications de cette nature il faut connaître les lois générales de la vie étudiées par la physiologie générale, et le type spécial qui résulte du développement de chaque germe. Quelle que soit la théorie adoptée pour l'origine des espèces, et, dans le cas même où on admettrait que la notion de l'espèce ne répond pas à une réalité primitive et durable, l'existence de causes spontanées distinctes des causes purement matérielles subsistera, aussi longtemps que l'on n'aura pas réussi à fournir une explication mécanique des origines de la vie. Or cette explication, la science ne la possède pas et paraît fort loin de la posséder.

Les causes libres sont des pouvoirs de détermination qui, mis en présence d'une loi, peuvent la réaliser ou l'enfreindre. La présence des êtres libres fournit des explications déduites de l'idée de la cause. L'affirmation est assez importante pour qu'il convienne de la formuler à part.

36. *Une cause libre est, en partie, la raison d'être de ses actes* [1] !

Nous n'aborderons pas ici la question de savoir si le libre arbitre est une réalité ou une illusion ;

---

[1] Voir pour plus ample développement de cette thèse mon volume sur le *Libre arbitre*. Paris, Fischbacher, 1890.

question qui est le problème capital de la psychologie. Contentons-nous de constater que, dans l'opinion commune, la présence d'un agent libre est considérée comme fournissant, en partie, l'explication des faits de la vie humaine. On impute à un homme la responsabilité des actes dont on estime qu'il est l'auteur. L'historien cherche les motifs de l'abdication de Charles Quint ; mais il considérera finalement la libre volonté de ce monarque comme un des éléments de ce fait historique.

Telle est l'opinion commune, mais les esprits spécialement formés par la culture des mathématiques et de la physique sont facilement portés à dire qu'un acte libre est inintelligible, parce qu'on ne peut pas le déduire d'antécédents dont il soit le conséquent nécessaire. L'explication par la cause ne les satisfait pas, ils n'acceptent que l'explication par les lois. Le caractère propre de la liberté est que, les mêmes antécédents étant donnés, plusieurs conséquents sont possibles, d'où suit que les actes d'agents supposés libres ne peuvent pas être ramenés au déterminisme absolu des lois (30). Suit-il de là qu'un acte libre soit inintelligible ? Oui, si *intelligible* et *nécessaire* sont des termes synonymes ; mais ces termes expriment deux idées distinctes, et dont on n'a pas le droit d'affirmer l'identité. La présence d'un agent libre fournit une explication de ses actes par l'idée de sa liberté, d'une manière aussi logique qu'un fait physique est expliqué par la loi de la connexion nécessaire de deux phénomènes. Dénier la valeur d'une explication fournie par la détermination d'un être libre, c'est nier a priori l'idée de la liberté. Ce n'est qu'après avoir démontré que cette idée est fausse qu'on pourrait, sans pétition de principe, refuser le caractère scientifique à l'explication d'un acte par la conception de la nature de son agent.

Les causes libres sont donc des principes d'explications, mais d'explications seulement partielles, parce que la seule cause tenue pour libre qui nous soit directement connue, notre volonté, n'a jamais que le choix entre divers actes conçus comme possibles par l'intelligence, et diverses impulsions qui nous sollicitent. Une décision prise en l'absence de toute sollicitation est, dans le domaine de notre expérience, une conception absolument fausse. Il faut seulement éviter l'énorme paralogisme, qui n'est pas sans exemples, et qui consiste à conclure du caractère relatif et restreint du libre arbitre à la négation de son existence.

Pour rendre raison d'un acte de volonté, il faut prendre en considération, outre la volonté même, la nature des motifs qui agissent sur elle. Ici intervient un nouveau procédé d'explication qui rend raison des actes, mais sans les déclarer nécessaires; c'est l'explication par le but ou par la fin.

EXPLICATION PAR L'IDÉE DU BUT

37. La connaissance d'un but explique, en montrant les rapports entre ce but et les moyens employés pour l'atteindre.

La loi répond à la question *comment* ? le but à la question, *pourquoi* ? Voici un bâtiment, pourquoi a-t-il été élevé ? Est-ce un domicile privé ? une école ? un temple ? Dès que la destination de l'édifice sera connue, on se rendra compte de la disposition de ses différentes parties. Les mouvements d'une armée peuvent paraître d'abord confus, et même désordonnés ; ils deviendront intelligibles lorsqu'on sera initié au plan du général, plan qui a été déterminé par la considération du but à atteindre. Harvey, en observant les valvules des veines, s'est posé la question du pourquoi, et c'est la pensée que les valvules pouvaient avoir pour but d'empêcher le sang de refluer qui l'a mis sur la voie de sa découverte relative à la circulation du sang.

Le but porte, dans la langue philosophique, les noms de *fin* et de *cause finale*. Dans les explications par l'idée de la classe et de la loi, la pensée va du général au particulier, c'est-à-dire de l'un au multiple. Dans les explications par l'idée de la cause, la pensée va de l'unité d'un pouvoir producteur à la multiplicité possible de ses effets. Dans les explications par l'idée de la fin, la pensée va de l'unité d'un but poursuivi à la multiplicité des moyens employés pour l'atteindre.

38. *L'idée du but est l'un des éléments de l'explication des actes de la volonté.*

Le passage du Rubicon s'explique par des causes diverses et donne lieu en particulier aux deux considérations suivantes : César voulait s'emparer du pouvoir suprême ; c'est l'explication du fait par le but ; César a accompli son acte par une décision dont il reste responsable ; c'est l'explication du fait par la cause libre. Ce qui montre que la première explication seule est insuffisante, c'est que, selon le témoignage des historiens, César a hésité, étant poussé en deux sens contraires, d'une part par le sentiment de son devoir de citoyen, d'autre part par son ambition. Il a hésité et s'est décidé enfin ; le but qu'il se proposait d'atteindre était un motif sollicitant sa volonté ; mais la raison dernière de son acte est dans la libre détermination de cette volonté même. Pour prendre un exemple dans les temps modernes on peut demander le pourquoi de la conduite de Napoléon I à l'égard du Pape. La réponse se trouve dans le *Mémorial de Ste-Hélène,* où l'on voit Napoléon expliquer lui-même que son but était d'avoir le Pape sous sa main, afin de réunir effectivement en sa personne le pouvoir politique et le pouvoir religieux. Il est possible que, comme César, il ait hésité entre les projets que suscitait son ambition et des scrupules de conscience, mais, comme

César, il s'est décidé dans le sens de son ambition. Le but qu'il se proposait d'atteindre explique sa conduite mais ne la justifie pas, parce que, comme être doué d'un élément de volonté libre, il demeurait responsable de ses déterminations.

La considération du but en vue duquel les hommes ont agi est le fond des explications proprement historiques ; l'étude des lois générales qui se révèlent dans la marche de l'humanité et de l'accord de ces lois avec le libre arbitre des individus est un problème de haute philosophie. Les faits historiques demeurent souvent incompris, ou sont l'objet d'explications fausses, jusqu'à la découverte de documents qui révèlent quelques uns des secrets de la diplomatie. Sur quoi portent les renseignements ainsi obtenus? Sur les intentions réelles des hommes d'état, c'est-à-dire sur la vraie cause finale de leurs actes. Il arrive fréquemment que les motifs vrais des déterminations prises par les personnages politiques demeurent cachés au public. Un ministre d'une des grandes monarchies de l'Europe me disait un jour les accès de rire qu'excitait chez lui la lecture des journaux dans lesquels on rendait compte de ses actes.

Lorsqu'il s'agit des actions humaines, on ne peut pas nier l'existence d'un but, dont chacun a, pour ce qui le concerne, la conscience immédiate, mais l'idée de la cause finale a des applications plus étendues que celles qui concernent seulement les hommes. Consciente chez l'homme, la finalité se manifeste dans l'organisation des phénomènes naturels auxquels nous n'attribuons pas la conscience de leur but.

39. *La considération de la cause finale joue un rôle important en biologie.*

La découverte de la circulation du sang (37) est l'une des preuves de cette affirmation. D'une manière générale, pour le physiologiste, les organes s'expliquent par leurs fonctions, et les fonctions par l'entretien et la transmission de la vie. On n'obtient pas ainsi, si l'on ne considère que les individus, une explication totale des faits observés. On rencontre, en effet, chez certains animaux des organes qui n'ont pas d'emploi : des yeux qui demeurent toujours fermés, des rudiments de dents qui ne percent jamais les gencives, etc... Ces faits, qui sont susceptibles d'interprétations diverses, indiquent, dans tous les cas, un rapport des individus à leur espèce. Mais, quelle que soit l'explication qu'on en donne, la relation des fonctions des organes avec la vie, relation qui fait l'unité harmonique d'un être vivant, est une idée capitale. Le but n'est pas conscient dans un organisme physiologique comme il l'est dans un être doué de volonté, mais il est réel. C'est pourquoi, comme le disait Georges Cuvier, « les « causes finales sont un flambeau indispensable au « naturaliste. » La même vérité a été rappelée de nos jours par Claude Bernard. Il écrit : « Le physi-« cien et le chimiste peuvent repousser toute idée « de causes finales dans les faits qu'ils observent ; « tandis que le physiologiste est porté à admettre

« une finalité organique et préétablie dans le corps
« organisé, dont toutes les actions partielles sont
« solidaires et génératrices les unes des autres......
« Pratiquer l'analyse physiologique en perdant de
« vue l'unité harmonique de l'organisme, c'est mé-
« connaître la science vitale et lui enlever tout son
« caractère [1] ».

40. *La considération du but n'intervient pas
dans la physique étudiée comme science particulière.*

Le terme physique est employé ici dans son sens
général, et désigne la science totale de la matière
inorganique. L'utilité des travaux des chimistes et
des physiciens est très grande par l'application,
tous les jours plus surprenante, des découvertes
scientifiques à l'industrie ; mais ce n'est pas ce dont
il s'agit ici. Un physicien peut se proposer l'utilité
pour but de son travail, de même que le gain peut
être la cause finale d'un artiste ; mais le physicien
n'applique pas l'idée de la finalité aux phénomènes
qu'il étudie : l'emploi qu'on pourrait faire de ses
découvertes n'est nullement pour lui une source
d'explications. Il analyse les faits dont il veut rendre raison, et il en cherche la classe et la loi.
Leibniz nous informe que la considération des causes
finales n'est pas étrangère à la découverte des lois
du mouvement, parce que « ces lois ne dépendent

---

[1] *Introduction à l'étude de la médecine expérimentale.* Pages
154 et 156.

« pas du principe de la nécessité comme les vérités
« logiques, arithmétiques et géométriques, mais du
« principe de la convenance, c'est-à-dire du choix
« de la sagesse [1] ». Il demeure vrai cependant que,
les lois une fois établies, le physicien s'occupe uniquement du mode de production des phénomènes et
non de leur but. C'est le comment et non le pourquoi
qui est l'objet de son étude. Mais si l'idée de la finalité peut lui demeurer étrangère, en tant qu'il se
confine dans sa science spéciale, elle n'est pas toutefois étrangère d'une manière absolue à la considération des faits qui font l'objet de son étude.

41. *L'idée de la finalité s'applique aux phénomènes physiques lorsqu'on les considère dans leurs rapports avec l'ensemble du monde.*

Claude Bernard remarque très justement que « le
« physicien et le chimiste, ne pouvant se placer en
« dehors de l'univers, étudient les corps et les phé-
« nomènes isolément pour eux-mêmes, sans être
« obligés de les rapporter nécessairement à l'en-
« semble de la nature. Mais le physiologiste, se
« trouvant au contraire placé en dehors de l'orga-
« nisme animal dont il voit l'ensemble, doit tenir
« compte de l'harmonie de cet ensemble [2] ». Si la
pensée considère le monde comme un tout, elle se
place en dehors de lui, et le monde devient pour

---

[1] *Principes de la nature et de la grâce*, § 11. Edition Erdmann, page 716.

[2] *Introduction à l'étude de la médecine expérimentale*, page 153.

elle un organisme dont elle doit étudier l'harmonie. Lorsqu'on cherche, par exemple, à saisir les rapports qui existent entre la matière brute et la nature vivante, l'idée de la finalité reparaît inévitablement. Voici un exemple frappant de cette direction naturelle de la pensée. C'est une loi générale de la physique que les corps sont dilatés par la chaleur, et deviennent plus pesants, à volume égal, en se refroidissant. Il y a cependant des exceptions à cette loi ; la plus saillante est celle de l'eau, qui en se refroidissant jusqu'à un certain degré se change en glace et devient plus légère. Le fait étant constaté éveille inévitablement l'idée d'une fin, du rapport d'un moyen à un but. En effet, si la glace était plus pesante que l'eau, à mesure qu'elle se formerait, elle tomberait au fond des lacs et des rivières, au lieu de rester à leur surface. Il en résulterait que, dans toutes les régions froides ou tempérées du globe, les eaux seraient entièrement gelées en hiver, et auraient à peine le temps de dégeler pendant l'été, en sorte que les conditions de la vie feraient défaut pour les êtres organisés. La considération des causes finales s'impose donc lorsque, franchissant les limites de la physique spéciale, on étudie les rapports de la matière inorganique avec les êtres vivants. Il est permis de penser que l'idée de la finalité pourrait faire accomplir des progrès, même à la physique spéciale, et qu'un savant bien pénétré de la pensée du but des phénomènes, pourrait être conduit à la découverte des moyens par lesquels ces buts sont atteints dans l'organisation de la nature.

La considération du *pourquoi* le mettrait sur la voie où il trouverait le *comment*.

42. *La proscription des causes finales résulte de deux confusions d'idées : l'une entre les causes finales et les causes efficientes, l'autre entre les fins totales et les fins réelles.*

Il est facile d'entendre que la considération des causes finales ne doit pas supprimer la recherche des causes efficientes. La pensée que les nuages qui se forment dans l'atmosphère, et que le vent transporte, ont pour but d'arroser le sol et d'établir les conditions de la vie, ne dispense pas de rechercher les lois physiques qui président à la distribution de l'élément humide, et les causes dont ces lois expriment l'action. L'idée que les paupières ont pour but la conservation des yeux ne saurait remplacer l'étude de la formation physiologique de ces utiles membranes. Il est également facile d'entendre qu'une fin réelle se distingue d'une fin totale. Le soleil est fait pour nous éclairer et nous réchauffer : voilà une pensée de finalité assurément fort naturelle. Il n'en résulte pas que le soleil ait pour seule fonction celle de nous fournir la lumière et la chaleur. Son action s'étend, non seulement au globe terrestre et à l'entretien de la vie à la surface de ce globe, mais aux autres planètes, et il a, sans doute, dans l'organisation générale de l'univers, bien d'autres emplois qui nous sont inconnus. Mais de ce que le soleil n'a pas l'homme pour fin unique, il ne résulte pas que la pensée qu'il est destiné à nous fournir la lumière et la chaleur soit une pensée fausse. Il est arrivé cependant que l'on a voulu exclure les causes finales du cadre de la science, sous prétexte qu'elles arrêtent la recherche des causes efficientes, et que, de l'erreur commise en prenant certaines fins pour totales, on a conclu que ces fins ne sont pas réelles. De là le mépris de la téléologie professé par un certain nombre de savants, mépris qui prend sa source dans des conceptions systématiques, et dont on ne peut chercher la justification que dans des confusions d'idées manifestes.

La première de ces confusions a pu être appuyée sur un texte de Bacon qui a écrit : « Les explications « tirées des causes finales sont semblables à ces « *remora* qui, comme l'ont imaginé certains navi-« gateurs, s'attachent aux vaisseaux et les arrêtent. « Ces explications ont, pour ainsi dire, retardé la « navigation et la marche des sciences, les ont « empêchées de se tenir dans leur vraie route et les « ont comme forcées de rester là. Elles ont fait « que, dès longtemps, la recherche des causes phy-« siques languit négligée. » Bacon, dans ces lignes, se plaint du fait que des philosophes, au nombre desquels il range Aristote, ont été détournés de l'étude des causes efficientes parce que leur esprit se contentait de la considération des causes finales. Que le fait soit exact ou non, il demeure certain, dans tous les cas, que l'esprit scientifique ne saurait se contenter de l'idée du but d'un phénomène, et doit rechercher le mode de sa production. Sur ce point, Bacon a pleinement raison ; mais pour le

placer au nombre des philosophes qui ont nié la réalité des causes finales, il faut l'avoir lu avec une grande distraction. En effet, dans le chapitre même où il parle de ces *remora,* dont on a souvent parlé après lui en faisant indûment appel à son autorité, il écrit : « Quand nous parlons ainsi, ce n'est pas
« que les causes finales nous paraissent n'avoir au-
« cune réalité et ne mériter aucunement nos recher-
« ches dans les spéculations scientifiques...... Ce
« serait se tromper lourdement que d'imaginer que
« les causes finales une fois bien circonscrites dans
« leurs limites, puissent combattre et lutter contre
« les causes physiques...... Ces deux espèces de
« causes s'accordent parfaitement bien ; avec cette
« différence pourtant que l'une désigne une inten-
« tion et l'autre un simple effet[1] ». N'a-t-on pas plus d'une fois imputé à Bacon la pensée qu'il qualifie de lourde erreur ?

Quant à la négation de la réalité des fins qui s'appuie sur la négation de leur totalité, l'erreur est très lourde aussi. Supposons qu'un des habitants d'une ville dise en passant sur un pont : « Ce pont a été fait pour moi. » S'il parlait sérieusement, et s'il voulait dire que le pont a été construit pour lui seul, cet homme serait fou. Il en serait de même pour chacun des passants. De ce que le pont n'a été construit exclusivement pour aucun des habitants de la ville conclura-t-on qu'il n'a été construit

---

[1] *De la dignité et de l'accroissement des sciences.* Livre III, chapitre 4.

pour personne ? Les adversaires de la réalité des causes finales semblent avoir fait parfois des raisonnements de cette force.

Descartes avait la prétention de construire *a priori* le système de l'univers, et cette grave erreur de méthode ne lui permettait pas de faire usage dans ses recherches de l'idée de la finalité [1]; mais il établit à ce sujet la juste distinction que j'ai indiquée, en voulant bien qu'on affirme que le soleil a été fait pour nous éclairer, pourvu qu'on ne pense pas que c'est la fin unique de sa création [2].

43. *L'emploi des procédés d'explication varie dans les diverses sciences.*

La méthode est, dans ses procédés essentiels, la même pour toutes les sciences (45); mais les objets des sciences particulières sont divers, d'où résulte une diversité dans les moyens d'explication mis en usage. La chimie a pour but principal dans ses analyses l'établissement des différentes classes de corps. En physique, les lois sont l'objet essentiel de l'étude. L'idée de la cause et celle du but interviennent surtout en biologie et en psychologie. Ces distinctions sont réelles, mais elles n'ont pas un caractère absolu. La chimie a besoin des lois de la physique; la considération des classes de corps distingués par le chimiste intervient dans les études du physicien; la biologie fait constamment appel aux

---

[1] *Principes de la Philosophie*, tome I, page 28.
[2] *Lettres* dans l'édition Garnier, tome IV, pages 273 et 274.

résultats de la chimie et de la physique ; une psychologie sérieuse a besoin des résultats de la physique et de la biologie. Les sciences sont distinctes, mais elles ne sont jamais séparées, par la raison que tout se tient dans le monde. Plus les études spéciales font de progrès, plus leurs rapports se manifestent, parce que les progrès de chaque branche d'étude la rapprochent de la considération de l'harmonie qui préside à la vie de l'univers (74).

La science complète d'un des éléments réels du monde se composerait des réponses à ces quatre questions : Quoi ? c'est la classe. Comment ? c'est la loi. Par quoi ? c'est la cause. Pourquoi ? c'est le but. C'est là comme on l'a vu (19) la théorie de la science formulée par Aristote. Les modernes qui ont voulu réduire le travail de la pensée à la considération des classes et des lois, à l'exclusion des causes et du but, ont fait une tentative impuissante pour mutiler l'esprit humain (31). Leur erreur devient évidente dès qu'on rectifie par la considération des phénomènes moraux une idée de la science puisée dans la considération exclusive des phénomènes matériels. Cette idée n'est juste que dans son application aux phénomènes de cet ordre. Pour la science en général, et spécialement pour la philosophie qui est l'expression de cette généralité, (77) l'idée est absolument fausse. En effet il faut :

Ou nier l'ordre moral, c'est-à-dire supprimer le fondement de la vie des individus et de celle de la société ;

Ou laisser l'ordre moral en dehors de la science qui, dès lors, serait absolument mutilée ;

Ou donner place aux causes dans la science, et reconnaître ainsi qu'Aristote avait raison, et que les modernes qui abandonnent sa doctrine ont tort [1].

---

[1] Voir dans les *Séances et travaux de l'Académie des sciences morales et politiques* (1867) un mémoire intitulé : *De l'influence des études morales sur l'idée de la Philosophie.*

MÉTHODE DE LA SCIENCE

Comment la pensée en cherchant à se rendre compte des faits parvient-elle à la découverte et à la démonstration de la vérité ? C'est la question de la méthode ; et il y a de fausses théories de la méthode, comme il y a eu de fausses théories du mouvement des astres.

44. *Le rationalisme et l'empirisme sont deux méthodes fausses.*

Le rationalisme a la prétention de construire la science *a priori* en partant des seules données de la raison. C'est vouloir appliquer le procédé des mathématiques, science instrumentale, à l'explication des faits. En agissant ainsi la pensée s'égare, parce que la raison pure ne renferme aucune donnée de fait. Descartes et Hegel ont eu, l'un et l'autre, la prétention de construire *a priori* la théorie des phénomènes naturels. Pourquoi ont-ils des notions différentes de physique ? Ce n'est certainement pas que la raison ait varié dans sa nature, pendant l'intervalle qui sépare les travaux du philosophe français de ceux du philosophe allemand ; mais, dans les années qui séparent Descartes de Hegel, la science expérimentale avait fait des progrès considérables, et c'est par une pure illusion de la pensée que Hegel croit construire *a priori* des doctrines qu'il a reçues d'hommes qui avaient observé les phénomènes.

Pour l'empirisme, l'esprit humain est purement réceptif ; toutes les idées lui viennent du dehors. La doctrine, lorsqu'elle est arrivée à son plein développement, affirme que toutes les connaissances humaines ne sont que des sensations transformées. En pratiquant fidèlement cette méthode, en la débarrassant des inconséquences imposées à ses partisans par les nécessités de la pensée, on ne constaterait que des faits, et l'on ne pourrait s'élever à aucune loi. Les lois, en effet, ne procèdent pas de l'expérience ; elles supposent un travail de l'esprit qui élabore les sensations, travail dont les sensations ne peuvent pas être la source. De plus l'empirisme est incapable d'expliquer valablement la différence des idées nécessaires et des idées contingentes (7). Les tentatives faites dans ce sens ne résistent pas à un examen sérieux.

Par l'influence de Descartes, le grand rationaliste des temps modernes, et par celle de Bacon, le plus connu des partisans de l'empirisme, la théorie de la méthode s'est mise habituellement en opposition avec la méthode vraie. La méthode vraie cependant a été mise en pratique toutes les fois que la science a fait un progrès.

45. *La méthode se compose de trois opérations de la pensée : constater, supposer, vérifier.*

Dès qu'on a compris que la science complète est explicative (18), il est facile d'entendre que le rationalisme et l'empirisme adoptés d'une manière exclusive sont deux méthodes fausses ; mais on peut croire, et l'on a souvent admis, qu'il suffit de les réunir, et que la découverte de la vérité résulte de l'action combinée de l'expérience et du raisonnement. Il n'en est pas ainsi ; la simple addition de l'expérience et du raisonnement ne produit pas la science. Pour réunir ces deux éléments de la pensée il en faut un troisième. Les lois, les classes, les causes, les buts ne peuvent pas se constater directement par voie expérimentale, et ne peuvent pas se déduire *a priori* des données immédiates de la raison. D'où viennent donc les idées dont partent les explications qui, par le moyen de déductions logiques, rendent raison de l'expérience (13)? Elles sont le résultat d'une spontanéité propre de l'esprit humain, de la faculté de supposer. L'hypothèse, qui est le résultat de cette faculté, est le vrai principe générateur de la science. Le rationalisme et l'empirisme, ces deux méthodes d'ailleurs si opposées, se rencontrent dans une erreur commune en méconnaissant, ou même en niant la nécessité de l'hypothèse. Pour établir une théorie solide, il faut : 1º Constater les faits à expliquer ; 2º Supposer un principe d'explication ; 3° Vérifier la supposition faite en en déduisant les conséquences, et en comparant ces conséquences avec les résultats de l'étude des faits.

CONSTATATION

46. *La constatation est le résultat de l'observation simple ou de l'expérimentation.*

L'attention fixée sur les données de l'expérience qui nous mettent en présence de la réalité (10), est la base de toute science sérieuse. Si on ne fait que constater les faits tels qu'ils se produisent dans le cours naturel des choses, on observe. Si l'on intervient dans les phénomènes, on expérimente. Examiner attentivement la congélation de l'eau, c'est observer ; agiter l'eau à un moment donné, pour voir l'effet obtenu, c'est expérimenter. Si je contemple d'un regard attentif la formation des fruits d'un arbre, j'observe ; si j'enlève un anneau d'écorce au rameau qui porte un fruit pour voir le résultat de mon intervention, j'expérimente. Si je considère les actes d'un individu pour me former une idée de son caractère, j'observe ; si je lui propose une action à faire pour voir quelle sera sa résolution, j'expérimente.

Il faut remarquer que le mot *expérience* est employé dans deux sens différents. Il désigne tantôt le résultat total de la constatation des faits, et tantôt l'observation active qui constitue l'expérimentation. Lorsqu'on dit : l'expérience, on emploie ce terme dans le premier sens ; et lorsqu'on dit : une expérience, on l'emploie dans le second sens. Faire une expérience, c'est toujours intervenir activement dans les phénomènes.

L'expérimentation est indispensable à la chimie et à la physique ; par l'observation simple, ces sciences ne feraient aucun progrès. Dans les études des naturalistes, l'observation a tenu pendant longtemps une place beaucoup plus considérable que l'expérimentation. Il n'en est plus ainsi depuis un certain nombre d'années. Les expériences occupent une place beaucoup plus importante que jadis dans les études de physiologie. Aux collections d'animaux et de plantes, qui ont toujours été nécessaires pour l'étude et l'enseignement de l'histoire naturelle, on a joint des laboratoires où l'on fait sur les corps vivants des expériences qui, sans pouvoir devenir absolument semblables à celles que les chimistes et les physiciens font sur la matière inorganique, leur sont pourtant analogues.

D'après les explications qui précèdent nous pourrons, en nous conformant à l'usage, employer le mot observation dans le sens général où il s'applique à toute constatation des faits, soit que la constatation résulte d'une observation simple, soit qu'elle résulte de l'expérimentation.

47. *L'observation est sensible, psychique ou rationnelle.*

Cette diversité dans l'observation est le résultat des divers ordres de réalités dont nous avons la connaissance directe. L'observation sensible, c'est-à-dire celle qui se fait par le moyen des organes corporels, révèle les propriétés diverses des corps : poids, couleur, température, etc. L'observation psychique, celle qui se fait par le moyen de la conscience, fait connaître les modes ou les actes de l'esprit : penser, sentir, vouloir. Voilà deux observations bien distinctes auxquelles il faut joindre la mention d'une troisième. Nous avons vu que, dans les éléments de la pensée, il en est qui s'imposent par leur objectivité à titre d'idées nécessaires (11). Ces idées sont l'objet de l'observation rationnelle. On a dit : « raisonner c'est observer les idées »; cela est juste ; mais cette formule réclame une distinction importante. Quand j'observe mes idées personnelles qui peuvent être vraies ou fausses, je fais une observation psychique ; quand j'observe les idées nécessaires auxquelles les miennes sont conformes ou non, et qui me corrigent lorsque je me trompe, je fais une observation rationnelle. Ces idées sont en moi, mais ont des caractères qui ne permettent pas de les considérer comme de simples modes du moi (7 et 15).

On pourrait dire que toute observation est nécessairement psychique, puisque je ne connais rien que sous la condition de me connaître moi-même, et que tout ce que je pense est nécessairement ma pensée. Cela revient à dire que la conscience de moi-même est la condition absolue de toute connaissance ; mais cette considération ne détruit pas la différence essentielle de la connaissance des corps que me révèle l'observation sensible, de la connaissance des idées nécessaires que me révèle l'observation rationnelle, et de la connaissance de mon être propre et de ses modes que me révèle l'observation spécialement psychique. Passer de l'idée que la conscience est la condition nécessaire de toute connaissance à l'affirmation que nous ne connaissons rien que nous-mêmes, serait un raisonnement analogue à celui-ci : nous ne voyons rien que par le moyen de nos yeux, donc nous ne voyons rien que nos yeux. Le raisonnement ne semble pas très sérieux ; il occupe cependant une place considérable dans les discussions des philosophes.

48. *L'observation scientifique est inséparable de l'induction.*

Induire, c'est généraliser ; c'est saisir dans un cas particulier un fait général. Galilée constate, dans un certain nombre d'expériences, un rapport entre le temps et l'espace parcouru dans le phénomène de la chute des corps ; il admet que ce rapport est le même dans tous les cas, les circonstances demeurant identiques, et il formule l'une des lois fondamentales de la physique : « Les espaces parcourus par les corps, tombant librement sous l'action de la pesanteur, sont proportionnels aux carrés des temps écoulés depuis l'origine de la chute. » Un chimiste a obtenu une certaine combinaison de corps simples ; il admet que, toutes les circonstances demeurant les mêmes, la même combinaison aura lieu. Sans l'induction qui généralise les faits, les faits demeurant isolés, la science serait impossible. On l'a vu pour les classes (21), cela est également vrai pour les lois.

Théoriquement, un seul cas bien observé suffirait pour établir une loi ; pourquoi donc les savants multiplient-ils et doivent-ils multiplier les expériences ? Pour écarter les causes accidentelles qui risquent d'égarer la pensée. Un ancien magistrat genevois, Rieu, consacrait à des expériences de physique les loisirs que lui avait faits une révolution politique. Il croyait avoir découvert que la couleur noire avait une action spéciale sur l'électricité. Il communiqua sa pensée à Auguste de la Rive qui examina le cas. Le résultat de l'examen fut que la couleur noire dont Rieu s'était servi renfermait du fer, et que c'était à la présence du fer et non à la couleur qu'il fallait rapporter le phénomène observé. Pour justifier l'affirmation d'un rapport entre les couleurs et l'électricité, il faudrait varier les expériences avec un grand nombre de matières diverses dont la coloration serait la même, jusqu'à ce qu'on pût constater une influence de la couleur elle-même, et non celle de telle matière déterminée. Dans le cas dont il s'agit, la présence du fer était une cause accidentelle qui servait de base à une induction fausse.

L'induction légitime ne s'applique qu'aux éléments véritablement fixes de la nature. Elle s'applique à la gravitation, loi qui, si nous ne sommes pas dans l'erreur, régit toutes les masses de matière pondérable; elle ne s'applique pas à la pesanteur, qui n'est point la même sur toute la surface du globe. On se tromperait en affirmant d'une manière absolue que la chaleur dilate tous les corps, puisque cette loi, générale à la vérité, souffre cependant des exceptions dont l'eau offre l'exemple le plus notable (41). Pour que l'induction donnât des résultats absolument certains, il faudrait que nous fussions en présence des éléments primitifs du monde. Dès qu'il s'agit de composés, il y a des chances d'erreurs; et les chances d'erreurs s'accroissent dans la mesure où l'induction proprement dite, telle que la physique et la chimie surtout en offrent des exemples, se transforme en une simple analogie. On demande, par exemple, si les autres planètes sont habitées par des êtres tels que ceux que porte la terre. Il est évident que l'on n'a point affaire ici à une question simple, comme celle de la combinaison de deux corps dans un laboratoire de chimie, mais à une question fort complexe. La terre est une planète; on peut conclure par analogie que puisque une planète porte des êtres vivants, les autres en portent aussi. Mais la géologie nous informe que notre globe paraît avoir été jadis dans un état de fusion impropre aux phénomènes de la vie. On peut conclure par analogie que d'autres planètes sont peut-être dans une phase analogue de leur développement. Les deux analogies conduisent donc à des résultats différents, et la question demeure indécise. Il n'y aurait pas d'autre danger, dans ce cas là, que celui de formuler témérairement des assertions qui peuvent être fausses ; mais les inductions précipitées, qui sont une grande source d'erreurs scientifiques, peuvent avoir des inconvénients pratiques d'une nature grave. Il y a péril, par exemple, a conclure du fait que certains champignons sont comestibles, que d'autres qui leur ressemblent peuvent être mangés sans inconvénients.

Les inductions ont un caractère de certitude qui n'a jamais été démenti quand elles s'appliquent aux expériences bien faites des laboratoires des chimistes et des physiciens. La chimie et la physique ont, en effet, pour objets d'étude, sinon les éléments vraiment primitifs et simples de l'univers, du moins des éléments qui paraissent fixes, ce qui suffit à la sécurité de la science. En biologie les inductions deviennent moins certaines, par le fait de l'individualité qui se montre chez les êtres vivants. Deux molécules de soufre ou de carbone à l'état pur se comportent toujours exactement de même ; mais deux graines recueillies sur la même plante, et qui ne présentent aucune différence appréciable, bien que placées dans des circonstances identiques autant que possible, ne produisent pas toujours des plantes parfaitement semblables. On pourrait commettre de graves erreurs médicales en appliquant à l'homme un traitement déduit d'expériences physiologiques faites sur les bêtes, parce que l'organisme humain et celui des bêtes, malgré leurs rapports, offrent pourtant de notables différences. On ne peut pas même, pour l'effet d'un médicament ou d'un précepte d'hygiène, conclure sans chances d'erreur d'un homme à un autre, ni d'une donnée statistique à un cas particulier. C'est pourquoi la physiologie n'offrira probablement jamais à la médecine une base sûre, comme celle que la science de la matière inorganique offre à l'industrie. Un docteur qui ne fait pas de l'examen des circonstances individuelles de ses malades une partie importante de sa tâche, et qui applique indistinctement des formules scientifiques, risque d'envoyer prématurément nombre de ses clients au cimetière. Un médecin d'une capacité moyenne qui aura suivi, dès les débuts de la vie, le développement des membres d'une famille, et se sera rendu attentif à leur tempérament sera, dans bien des cas, d'un plus grand secours qu'un praticien célèbre qui devra se borner, pour ses prescriptions, aux indications fournies par une seule visite.

49. *L'intervention du témoignage est indispensable à la constatation* [1].

L'individualisme absolu, c'est-à-dire la prétention de construire la science par l'emploi exclusivement personnel de l'expérience et du raisonnement, ne supporte pas l'examen. Ce que l'individu sait pour

---

[1] Voir pour un développement plus complet des preuves de cette thèse, un mémoire sur l'importance du témoignage dans les *Séances et travaux de l'Académie des Sciences morales et politiques*, tome CXXVIII. — Ce mémoire a été reproduit dans le premier appendice de mon volume sur *le Témoignage du Christ et l'unité du monde chrétien*, in-8º, Genève, librairie Cherbuliez 1893.

l'avoir appris directement par lui-même n'est jamais qu'une partie extrêmement petite de ses connaissances. Il est évident qu'un homme privé de la ressource du témoignage ne connaîtrait en fait d'histoire que les événements accomplis sous ses yeux, et en fait de géographie que la partie du globe où il aurait porté ses pas. Ce que nous voyons de nos yeux n'est qu'un élément infinitésimal, non seulement de l'histoire du monde, mais de celle de l'époque où nous vivons. Ce que les plus grands voyageurs ont pu constater personnellement ne peut être figuré sur le globe que par une ligne extrêmement ténue. Les sciences physiques avanceraient bien peu si le physicien, ne se fiant jamais qu'à ses expériences personnelles, ne tenait aucun compte des expériences faites par ses confrères. Le témoignage, en reliant les hommes entre eux, établit la solidarité des intelligences. Pascal, dans une page célèbre [1], compare toute la suite des savants à un homme dont l'existence serait indéfiniment prolongée, et qui vieillirait en apprenant toujours. Sans la transmission des connaissances acquises, il ne pourrait pas en être ainsi. Le témoignage est pour l'homme universel de Pascal ce que la mémoire est pour l'individu.

Méconnaître le rôle du témoignage pour la connaissance des faits serait le résultat d'une très forte distraction de la pensée. Il faut un peu plus d'attention pour discerner le rôle du témoignage dans

---

[1] Edition Faugère, tome I, page 98.

l'ordre des vérités rationnelles. Chacun porte en lui-même la source de ces vérités ; mais le témoignage nous instruit du fait que nos semblables les voient comme nous, et nous garantit des erreurs qui pourraient nous faire prendre pour des éléments de raison les écarts de notre pensée individuelle. Un mathématicien modeste et prudent attend, pour accorder une confiance absolue à ses calculs, qu'ils aient été examinés et vérifiés par ses confrères.

Le témoignage peut aussi être nécessaire pour valider nos perceptions ; il offre, dans certains cas, la seule ressource efficace contre les hallucinations. L'hallucination, lorsqu'elle ne peut pas être dominée, est un élément d'aliénation mentale ; mais l'hallucination peut être un simple désordre dans les fonctions de l'organisme, désordre qu'un individu, sain d'ailleurs dans l'exercice de ses facultés, peut arriver à dominer. Le professeur Pierre Prévost[1] parvenu à un âge très avancé était étendu sur un lit de souffrances qu'il considérait comme devant être bientôt son lit de mort, et qui le fut en effet. Il voyait sur la muraille de sa chambre les affiches de spectacles légers auxquels il avait assisté dans sa jeunesse. Il se plaignit de ce qu'on avait placé de tels objets sous ses yeux dans un moment aussi solennel que celui où il se trouvait. Ses enfants lui assurèrent qu'il était victime d'une hallucina-

---

[1] Pierre Prévost, 1751 à 1839, professeur de philosophie et de physique générale à l'université de Genève, auteur d'*Essais de philosophie* estimés, 2 vol. in-8°, Genève, an XIII.

tion. Son habitude des études psychologiques et la pleine et juste confiance qu'il avait dans la sincérité de ses fils firent que, tout en continuant à voir les affiches, il eut la persuasion qu'elles n'existaient pas.

Il est des cas où les erreurs d'un sens peuvent être rectifiées par l'emploi d'un autre : le toucher peut détruire une illusion, ou une hallucination de la vue ; mais, dans le plus grand nombre des cas, les erreurs nées d'une hallucination ne peuvent être rectifiées que par la foi au témoignage. L'individu, qui a perdu la faculté d'opérer les rectifications de cette nature, est devenu fou.

On a parlé d'hallucinations collectives. On dit, par exemple, que plusieurs individus, assistant à l'ouverture de tombes romaines, ont affirmé qu'ils avaient vu la lumière des lampes sépulcrales qui brûlaient encore. En considérant ces témoignages comme dignes de foi (ce dont il est permis de douter), on a supposé, pour l'interprétation du fait, une hallucination commune aux témoins[1]. Il faudrait, si le fait était bien constaté, en chercher plutôt l'explication dans une illusion provenant de rayons lumineux tombant à l'ouverture des tombes sur quelque objet réflecteur. Sous l'influence d'un sentiment très vif il peut se produire des *illusions* collectives qui donnent, par exemple, à un phénomène naturel les caractères d'une apparition merveilleuse. Des imaginations excitées peuvent dénaturer l'objet

---

[1] Voir la *Revue philosophique* de novembre 1879, page 517.

de perceptions réelles; mais s'il existait de véritables *hallucinations* collectives, il n'y aurait aucun moyen de les corriger, puisque le témoignage, qui seul peut rectifier des erreurs de cette nature, ferait défaut.

50. *La valeur du témoignage passe de la probabilité à la certitude*[1].

Il est assez naturel de penser, comme on l'a fait souvent, que la certitude proprement dite n'appartient qu'aux sciences rationnelles où l'on a des démonstrations partant des axiomes, et que l'on ne peut trouver dans les sciences de faits, qui supposent toujours l'intervention du témoignage, qu'une probabilité indéfiniment croissante, mais qui n'atteint jamais la pleine certitude; c'est une erreur. Je suis aussi certain de l'existence de l'Angleterre que je n'ai jamais vue que du plus simple des théorèmes de géométrie. Il y a là des certitudes d'ordres différents mais dont le degré est le même. La foi que l'on accorde au témoignage dépend du nombre et de la valeur des témoins; mais le nombre n'a pas une valeur propre. En physique, on multiplie les expériences pour se mettre à l'abri des causes d'erreurs accidentelles, mais une seule constatation tenue pour absolument valable suffirait (48). De même, le nombre des témoins n'a pour effet que de

---

[1] Voir dans les *Séances et travaux de l'Académie des Sciences morales et politiques*, tome XCIX, un mémoire sur le fondement logique de la certitude du témoignage.

constituer un témoignage valable en éloignant les causes personnelles d'erreur. Un nombre quelconque d'individus plus ou moins suspects d'incompétence ne vaudra jamais un témoin unique dans la capacité, la véracité et l'impartialité duquel on aura une pleine confiance. L'appréciation de la valeur des témoignages a une importance très grande pour le juge et pour l'historien. Les préoccupations et les passions diverses des individus sont une cause, non seulement d'entorses volontaires à la vérité, mais d'erreurs involontaires. Les témoignages relatifs au nombre des assistants à une assemblée politique, par exemple, sont toujours extrêmement suspects. Les journalistes ont à cet égard une arithmétique très différente de celle que l'on enseigne dans les écoles. Les erreurs de cette nature ne sont pas toujours coupables; l'esprit de parti fait souvent qu'avant de tromper les autres, on s'est trompé soi-même.

Personne ne saurait contester sérieusement que le témoignage acquiert, dans une multitude de cas, une certitude absolue. L'existence d'un lac africain qu'un seul voyageur dit avoir vu de loin demeure douteuse ; mais ceux d'entre nous qui n'ont jamais vu la mer Méditerranée sont aussi certains de son existence que s'ils y avaient navigué. Par la foi accordée à la parole de nos semblables, le témoignage devient une expérience faite par autrui et dont l'objet revêt pour nous le caractère de la réalité (10). Pourra-t-on, un jour, formuler une règle indiquant d'une manière précise le moment où l'objet d'un témoignage passe de la probabilité à la certitude ? Cela n'est pas vraisemblable. Il s'agit là d'une opération transcendante de la pensée analogue à celle par laquelle le géomètre passe de la considération d'un polygone dont le nombre de côtés s'accroît indéfiniment à la considération du cercle qui est la limite de cet accroissement.

51. *La négation de la possibilité d'un fait ne peut pas être légitimement opposée à des témoignages valables.*

La contradiction logique permet, et permet seule, d'établir immédiatement la fausseté d'une affirmation. Nous avons, par exemple, le droit de rejeter sans autre examen une doctrine qui fait sortir quelque chose du néant. En effet, attribuer au néant un pouvoir producteur, ce qui est nécessaire pour en faire sortir quelque chose, c'est contredire directement son idée. Mais dès qu'il s'agit des faits, rien ne peut être déclaré impossible parce que les limites du possible nous sont inconnues. Pour déterminer ces limites il faudrait connaître toutes les lois et toutes les causes de l'univers, ce qui n'est certainement pas notre cas. L'histoire de la science offre plusieurs exemples de phénomènes qui ont été constatés comme réels après avoir été longtemps déclarés impossibles. Un des exemples les plus instructifs sous ce rapport est celui des aérolithes. L'affirmation que des pierres tombent quelquefois du ciel est fort ancienne. On la trouve dans le livre de Josué et dans les œuvres de Plutarque. Les savants modernes cependant avaient décidé que le fait était impossible, et que les pierres tombées du ciel devaient être reléguées dans le catalogue des superstitions populaires. L'Académie française des sciences n'avait-elle pas pris un arrêté interdisant de lui adresser aucun mémoire sur ce sujet? Le fait cependant fut dûment constaté à Sienne, le 16 juillet 1794, et en Normandie, le 26 avril 1803. Aujourd'hui l'existence des aérolithes est si peu contestée que l'on fait des hypothèses sur leur provenance. Laplace se demandait si les volcans lunaires auraient la force d'envoyer des projectiles à la terre. Divers savants admettent que des fragments de planètes circulent dans l'espace, et que quelques-uns de ces fragments arrivent à un endroit où l'attraction terrestre est assez forte pour les faire tomber sur notre sol. On a émis l'opinion que des aérolithes attirés par le soleil s'y précipitent et entretiennent la chaleur de cet astre. Il demeure certain, dans tous les cas, que des faits longtemps niés comme contraires à l'organisation connue de la nature occupent maintenant une place considérable dans la science.

Des observations exactes ou des témoignages valables priment toutes nos théories. Ce qui demeure vrai toutefois, c'est que plus le caractère d'une affirmation est extraordinaire plus l'on a le droit d'être exigeant quant aux témoignages sur lesquels elle repose. Pour des faits ordinaires, le témoignage peut devenir suspect parce qu'on a pu facilement les supposer, mais pour des faits étrangers au cours habituel des choses et aux lois les plus connues de la nature, la valeur des témoignages doit être proportionnelle à l'étrangeté de leur objet.

Il s'est produit à cet égard dans la pensée contemporaine un mouvement digne d'être remarqué. A une époque qui n'est pas fort éloignée de nous, les phénomènes affirmés par les magnétiseurs paraissaient si étranges que la plupart des savants n'en accueillaient l'affirmation que par un sourire où la négation se produisait sous la forme d'une dédaigneuse ironie. Aujourd'hui ces phénomènes et d'autres analogues occupent une place considérable dans les préoccupations et les discussions de la science. Il est même permis de penser que, chez un certain nombre de savants, la négation systématique de jadis a fait place à trop de crédulité. L'esprit humain se jette si facilement d'un extrême dans un autre ! Quoi qu'il en soit, nous entendons proclamer aujourd'hui, avec une grande insistance, qu'on n'a le droit de nier aucun fait *a priori,* et que l'idée de l'invraisemblable et celle de l'impossible sont deux idées distinctes, en sorte que le passage de la première à la seconde n'est pas légitime. C'est ainsi que des observations et des expériences faites dans les domaines de la physiologie et de la psychologie ont mis en lumière une thèse de logique très importante et très souvent méconnue.

SUPPOSITION

52. *L'hypothèse est le principe générateur de la science*[1].

L'homme est capable d'observer ; il participe à la raison ; mais il serait incapable de science s'il ne possédait pas la faculté de faire des hypothèses, c'est-à-dire des suppositions relatives aux idées par le moyen desquelles on peut rendre raison des faits. Les lois de la nature, par exemple, ne sont pas un objet de perception sensible, cela est manifeste ; elles ne peuvent pas se déduire des conceptions *a priori*, comme le démontre l'inanité de toutes les tentatives faites dans cette direction. Ici se manifestent la valeur et le rôle scientifique de l'individu. L'individu est relativement passif dans l'expérience et le raisonnement. Il n'observe pas et il ne raisonne pas sans un déploiement d'activité ; mais le résultat de cette activité est de lui faire recevoir la connaissance des faits et celle des données de la raison. Dans l'invention, il produit spontanément une idée. Le génie, ou la faculté de faire des suppositions justes, est un élément constitutif de l'esprit humain

---

[1] Voir la *Logique de l'hypothèse*. Un volume in-8°, Paris, Germer Baillière, 1880.

qui se manifeste à des degrés extrêmement divers chez les individus, et dont l'action scientifique a été méconnue également par le rationalisme et par l'empirisme (44).

L'hypothèse n'est pas seulement nécessaire pour interpréter les résultats de l'expérience, elle dirige l'observation. On observe presque toujours dans un but déterminé, c'est-à-dire pour contrôler une idée préconçue. Il est même presque impossible de concevoir comment la science se ferait si, en présence de la multitude indéfinie et de la complexité des faits, l'esprit n'était pas dirigé d'un certain côté par une pensée dont il cherche la vérification. L'abus des conjectures vaines qui encombrent la science, l'esprit systématique qui s'attache à des idées préconçues et les maintient contre l'évidence des faits, ont discrédité la faculté de supposer dans l'esprit des logiciens et des savants ; il n'en demeure pas moins certain que proscrire l'hypothèse, ainsi qu'on l'a fait en théorie sans jamais pouvoir le faire en pratique, c'est rejeter la semence de la vérité. Voici comment s'exprime à ce sujet un illustre inventeur contemporain, M. Pasteur : « Je pars d'une idée
« préconçue, c'est-à-dire d'une hypothèse suggérée
« par les faits déjà connus, puis j'expérimente pour
« la vérifier en la modifiant suivant les circonstan-
« ces. L'hypothèse dicte et règle mes travaux ; elle
« m'inspire même les expériences à faire. Sans elle
« l'observateur le plus attentif ne découvre rien » [1].

---

[1] Paroles citées dans le *Journal de Genève* du 10 février 1884.

Dans les sciences purement expérimentales, l'hypothèse intervient en dirigeant l'observation et en provoquant l'expérience. Dans les sciences explicatives, la détermination des classes, des lois, des causes et des buts ne pouvant être, ni une donnée immédiate de l'expérience, ni une déduction des axiomes de la raison, ne peut résulter que d'une supposition à vérifier. Le rôle de l'hypothèse est moins apparent dans les sciences rationnelles ; il est réel cependant. Il y a dans les mathématiques une partie de pure analyse où l'application des lois de l'intelligence aux notions du nombre et de la quantité conduit à la découverte d'un certain nombre de vérités ; mais, dans le plus grand nombre des cas, les propositions arithmétiques et les théorèmes de géométrie sont le résultat d'une supposition qui précède la démonstration. Quel est le mathématicien qui a formulé la première fois l'égalité du produit des extrêmes au produit des moyens dans une proportion ? Je l'ignore ; mais il n'est pas besoin de savoir son nom pour être certain que la proposition a dû s'offrir à son esprit, peut-être comme l'induction d'un certain nombre de cas particuliers, avant d'être démontrée comme affirmation générale. Les historiens parlent de la joie de Pythagore lorsqu'il conçut le théorème de l'égalité du carré de l'hypoténuse d'un triangle rectangle à la somme des carrés faits sur les deux autres côtés du même triangle. La joie vive qu'il éprouva met en évidence le caractère subit de sa découverte. Montucla, l'historien des mathématiques, en parlant du calcul infinitésimal et de la découverte de Leibniz, signale l'intervention du génie qui seule explique la vue d'une vérité nouvelle[1]. L'hypothèse intervient donc dans la construction des sciences de tous les ordres ; ce qui diffère, c'est le mode de l'observation, d'où résulte la différence des procédés de vérification (58).

53. *L'hypothèse est un élément a priori, mais dans un autre sens que l'a priori de la raison.*

Une idée préconçue qui dirige le savant dans ses observations est un élément de la pensée qui peut être dit *a priori* quant à l'expérience ; mais il y a une distinction essentielle à noter. Les éléments de la raison sont le moyen de toute connaissance ; douter de leur valeur, c'est ouvrir la porte à un scepticisme absolu. Les hypothèses résultant de la spontanéité d'un esprit individuel peuvent n'être que les produits d'une imagination qui égare la pensée. Elles ne constituent point un *a priori* valable par lui-même comme celui de la raison, mais un *a priori* qui ne doit être accepté que, si l'on peut user ici de ces termes, sous bénéfice d'inventaire. C'est ce que M. Violle explique fort bien dans les Prolégomènes de son traité de physique : « En « physique, dit-il, comme en toute autre science, le « point de départ de l'invention est une idée *a « priori*. Seulement cette conception première de « l'esprit n'a rien d'immuable et d'absolu. C'est un

---

[1] *Histoire des mathématiques*, tome II, page 343.

« principe provisoire dont les conséquences doivent
« être soumises au contrôle de l'expérimentation,
« seule capable de donner la certitude ».

54. *La recherche de l'unité est le principe directeur des hypothèses scientifiques.*

La généralisation, qui est la condition de la pensée scientifique et même de la parole (21), est le résultat d'une tendance à l'unité. La généralisation, en substituant l'énoncé d'une classe ou d'une loi à la multitude des affirmations particulières, simplifie la science. Toute simplification de la science est saluée comme un progrès. C'est ainsi que la substitution de l'éther et de ses ondulations aux divers fluides imaginés jadis pour expliquer la chaleur, la lumière et l'électricité, a été considérée comme un progrès considérable de la physique. La recherche de l'unité n'est pas le résultat de la science, comme une vue superficielle du sujet pourrait le faire penser; elle en a été, dès l'origine, le principe directeur. C'est une tendance naturelle à la raison, tendance qui se manifeste d'une manière instinctive dans l'induction, et qui devient l'origine des hypothèses explicatives. Au début des investigations de l'esprit humain, on ne trouve pas des études de détail auxquelles succèdent des vues générales, des analyses qui précèdent la synthèse. Bien au contraire, la science a commencé par des synthèses très hardies auxquelles les analyses nécessaires pour servir de base à des synthèses valables n'ont succédé qu'assez tardivement. Il suffit pour s'en convaincre d'étudier

les premiers développements de la philosophie grecque. D'une manière générale, l'esprit scientifique a toujours cherché et cherchera toujours le simple, le général, l'un, pour rendre raison de la multiplicité des phénomènes. La chimie semble faire exception à cette loi, parce qu'en avançant elle a multiplié le nombre des corps simples ; mais, comme Fresnel l'a remarqué en 1819 dans son *Mémoire sur la diffraction de la lumière,* cela tient sans doute à ce que, malgré les pas rapides qu'elle a faits dans les temps modernes, cette science est encore relativement peu avancée. Du reste, nous assistons à des tentatives parfois couronnées de succès pour décomposer des corps considérés jusqu'ici comme simples. En 1879, M. Raoul Pictet exprimait l'espérance que, dans un temps prochain, on parviendra peut-être à réduire le nombre des corps simples par des méthodes expérimentales[1]. Pourquoi ce savant, en émettant sa prévision, donne-t-il à cette prévision la qualité d'une espérance ? La même question se pose à l'occasion du passage suivant de Faraday : « Le magnétisme n'était encore, il y a
« quelques années, qu'une force occulte affectant
« seulement un très petit nombre de corps. On sait
« aujourd'hui qu'il influence tous les corps, et qu'il
« a les rapports les plus intimes avec l'électricité, la
« chaleur, l'action chimique, la cristallisation, et,
« par la cristallisation, avec toutes les forces mises
« en jeu dans la cohésion. Dans cet état actuel des

---

[1] *Synthèse de la chaleur.* Genève, 1879, page 79.

« choses, nous nous sentons vivement pressé de
« continuer nos recherches, encouragé par l'espé-
« rance de découvrir le lien qui rattache le magné-
« tisme à la pesanteur[1] ». Faraday prévoyant une
simplification de la physique, M. Raoul Pictet prévoyant une simplification de la chimie, parlent l'un
et l'autre d'une *espérance,* parce que la réduction du
nombre des éléments au moyen desquels on explique les phénomènes, est une marche vers l'unité, et
que la marche vers l'unité est une satisfaction pour
la pensée. Cela est si vrai que les découvertes qui
amènent une grande simplification dans les sciences
excitent une admiration qui prend quelquefois les
proportions de l'enthousiasme. L'enthousiasme fut
immense, dans le monde savant, lorsque Descartes
découvrit cette grande vérité, momentanément obs-
curcie, mais remise de nos jours en pleine lumière,
que tous les phénomènes physiques objectivement
considérés se réduisent au seul fait du mouvement.
L'enthousiasme fut grand aussi lorsque Newton ré-
duisit les trois lois de Kepler à la loi unique de la
gravitation, et donna à la mécanique céleste la base
simple et solide sur laquelle reposent ses calculs. Un
sentiment de même nature s'attache maintenant à
l'hypothèse du transformisme, dans l'esprit de ceux
qui la croient vraie. Il est certain, en effet, qu'expliquer la faune et la flore par la seule application
des lois physiques à des organismes primitivement
semblables, serait faire dans le sens de l'unité un

---

[1] *Faraday inventeur,* par John Tyndall, page 85.

des pas les plus considérables que la science ait jamais accomplis. La destinée de cette doctrine dépend du degré de confirmation que l'expérience et le raisonnement pourront fournir à l'hypothèse qui en est la base. Le vrai est simple ; tous les progrès de la science sont la confirmation de cette maxime que Boerhaave avait prise pour sa devise ; mais la proposition n'est pas convertible : le simple peut n'être pas vrai.

55. *La tendance à l'unité, lorsqu'elle ne demeure pas soumise au contrôle de l'expérience, est la source principale des erreurs scientifiques.*

Thalès, à la suite d'un certain nombre d'observations sur les formes diverses de l'eau dans la vie de la nature, formula l'affirmation que l'eau, ou le principe humide, est l'origine de toutes choses. Par l'emploi d'inductions de même nature, Anaximène enseigna que tout procède de l'air, et Héraclite ne vit dans le monde que des transformations du feu. Voilà de grands exemples de synthèses produites par l'élan de la pensée qui, dans la recherche de l'unité, perd de vue les diversités réelles que l'analyse doit mettre en lumière. Un phénomène analogue s'est produit à toutes les époques de l'histoire de la philosophie. Toute découverte importante produit une sorte d'éblouissement qui porte l'esprit à prendre la partie pour le tout, et à émettre des affirmations dans lesquelles des éléments irréductibles se trouvent témérairement identifiés. L'histoire de la pensée de Laplace offre à cet égard un fait significatif. Frappé du rôle que la loi de la gravitation joue dans l'organisation de l'univers il crut, un moment, qu'elle pouvait rendre compte de tous les phénomènes astronomiques et il écrivit : « L'attraction seule suffit « pour expliquer tous les mouvements de cet uni-« vers. » C'était un éblouissement de la pensée dont il se rendit compte lui-même et, dans une édition nouvelle de son *Système du monde,* il effaça cette affirmation téméraire qui figurait dans les éditions précédentes [1]. A la suite des brillantes découvertes modernes relatives à l'électricité, il n'a pas manqué de gens dont l'imagination a pris le galop, et qui ont déclaré que l'électricité était le principe universel. A la suite d'observations importantes sur les phénomènes de la vie, l'esprit systématique s'est donné carrière. La théorie contemporaine du transformisme, quelle que puisse être sa valeur, est certainement, dans l'état actuel de nos connaissances, le résultat d'une série d'hypothèses acceptées, sans un contrôle suffisant, sous l'empire trop exclusif du besoin de l'unité [2].

L'hypothèse a toujours besoin d'être vérifiée, et la tendance de la raison qui pousse à de hautes généralités doit être contenue par l'observation de tous les ordres de faits (78 et 105). Le feu nous éclaire et nous réchauffe, mais il devient aussi un agent de destruction. De même la recherche de l'unité, selon qu'elle est contenue ou non dans ses bornes

---

[1] *Le Cartésianisme,* par Bordas-Demoulin, tome I, page 271.
[2] Voir la *Logique de l'hypothèse,* pages 174 à 189.

légitimes, ouvre la voie aux découvertes, ou lance la pensée sur le chemin de l'erreur.

56. *L'appréciation de la valeur des hypothèses se fait par un choix préalable suivi d'une vérification plus complète.*

Une vérification aussi complète que possible fixe seule la valeur scientifique de nos suppositions ; mais, en présence de la multitude des idées qui peuvent s'offrir à l'esprit, un choix préalable peut écarter immédiatement des hypothèses impossibles parce qu'elles sont contraires à la raison ou à des vérités scientifiques solidement établies. Pour user d'une comparaison, la valeur d'une machine n'est définitivement constatée que lorsqu'elle a reçu l'emploi auquel on la destinait. Il arrive cependant parfois qu'on constate immédiatement, par la simple inspection d'un appareil, un défaut qui le rend impropre à l'usage qu'on en attend. Les hypothèses contraires à la raison sont rares. On pourrait en trouver des exemples dans les tentatives de certains ignorants qui veulent soutenir des affirmations mathématiques contraires à des vérités démontrées. Quant au rejet d'une hypothèse considérée comme contraire à des vérités expérimentales bien démontrées, il faut être prudent. Il ne faut jamais oublier la règle de méthode qui établit qu'aucune théorie ne permet de récuser des témoignages valables (51). Cette règle de méthode s'applique aux hypothèses explicatives comme aux faits. Il est cependant des lois si solidement établies qu'une hypothèse qui les contredit peut être légitimement l'objet d'un rejet immédiat ; c'est ainsi, par exemple, qu'aucun savant ne consentirait à examiner une explication d'un phénomène purement physique qui contredirait positivement les lois de la pesanteur.

Nous passerons maintenant à l'étude du mode de vérification des hypothèses, après avoir présenté préalablement une remarque de quelque importance.

57. *L'origine d'une hypothèse ne doit pas exercer une influence décisive sur son appréciation.*

On lit dans l'*Imitation de Jésus-Christ* [1] : « Ne vous enquérez point qui est-ce qui a écrit ce que vous lisez, mais prenez garde à ce qu'il dit. » Ce précepte, donné par l'auteur dans l'intérêt de la vie spirituelle, a son application dans la méthode scientifique. Les hypothèses doivent être examinées en elles-mêmes ; c'est la vérification qui en fait la valeur ; elles ne doivent revêtir dans aucun cas un caractère d'autorité.

Il fut un temps où la science était privée de sa liberté légitime, parce que les lois déterminaient les doctrines qu'il était permis de professer et celles qu'il était défendu d'admettre. En 1580, le philosophe novateur Bruno vint à Genève, la cité protestante. Il dut assez promptement quitter la ville, parce que, comme le rapporte Théodore de Bèze : « Les Genevois avaient décrété une bonne fois et

---

[1] Livre I, ch. 5, traduction Michel de Marillac.

« pour jamais que ni en logique, ni en aucune autre
« branche du savoir, on ne s'écarterait chez eux
« des sentiments d'Aristote [1]. »

En 1624, un édit du parlement de Louis XIII défendit « de rien enseigner contre les anciens auteurs et approuvés, *sous peine de la vie.* » Ce n'était pas seulement alors la loi civile, mais aussi une loi d'opinion qui proscrivait les tentatives d'innovations scientifiques. C'est contre cette direction de la pensée que Pascal a protesté, en démontrant que, pour les matières de sciences, c'est au temps actuel, qui profite de toutes les expériences et de toutes les découvertes antérieures, qu'il faut appliquer ce respect de la vieillesse que l'on applique à tort au passé, qui est en réalité la jeunesse de l'esprit humain. Après un temps où le respect du passé faisait proscrire induement les hypothèses nouvelles, en est venu un autre, le temps actuel, où l'on est généralement disposé à accepter toutes les idées qui rompent avec la tradition, et à supposer que tout ce qui est nouveau a des chances d'être vrai. Cette disposition d'esprit contribue à mettre en crédit des hypothèses fort aventureuses, et à faire qu'on se contente à leur égard d'une vérification incomplète.

La recherche scientifique a un besoin absolu de l'autorité du témoignage (49); mais cette autorité porte sur les faits et non pas sur les doctrines. L'origine d'une hypothèse ne lui confère jamais de l'autorité; mais il n'en résulte pas que cette origine

---

[1] *Jordano Bruno,* par Christian Bartholmess, tome I, page 63.

ne puisse avoir une influence, non pas décisive, mais légitime pourtant, sur son appréciation préalable. La considération de la provenance des idées est utile pour le choix de celles de ces idées qu'on se décide à examiner. Entrez dans une bibliothèque avec le désir d'aborder un certain ordre de recherches. Le nombre des livres est immense, et il vous est impossible de prendre connaissance de tous ceux qui peuvent renfermer des données de fait ou des hypothèses explicatives relatives à l'objet qui vous préoccupe. Comment choisirez-vous? Vous prendrez pour guide la renommée des auteurs, et le guide sera bon s'il ne s'agit pas d'œuvres contemporaines qui peuvent être l'objet d'un engouement irréfléchi, ou de réclames intéressées, mais d'une gloire solidement établie. La vraie gloire, en effet, est le produit du génie, et le génie est le facteur des découvertes. Il peut se trouver dans l'œuvre des grands hommes d'autrefois des hypothèses justes qui ne pouvaient pas être vérifiées à l'époque où elles ont été émises et qui peuvent l'être aujourd'hui (63). Les prétentions de l'individualisme peuvent engendrer un esprit d'indépendance funeste ; et, dans l'ordre de la science comme dans tous les autres, le mépris des noms véritablement grands n'est pas la marque de la liberté de la pensée, mais celle d'une outrecuidance ridicule. La gloire qui s'est attachée à certains hommes dirige légitimement l'attention sur les idées les plus dignes d'examen, sans constituer pour cela une autorité contraire à la méthode scientifique. Une réflexion de même nature s'applique à la tradition religieuse, qui n'a aucune entrée dans la science à titre d'autorité, mais qui peut exercer sur les recherches de la philosophie une influence légitime (100).

VÉRIFICATION

58. *Les procédés de vérification varient selon la nature des sciences.*

La méthode scientifique est toujours la même dans ses trois procédés fondamentaux (45). On constate des faits sensibles ou psychiques ; on observe les données de la raison ; puis on suppose des principes d'explication. Les suppositions étant faites, il faut les vérifier ; et c'est ici que la différence se montre, selon qu'il s'agit d'hypothèses rationnelles, expérimentales ou explicatives. La différence des procédés de vérification est le résultat et la conséquence nécessaire de la diversité des moyens de constatation.

59. *La vérification d'une hypothèse rationnelle résulte du lien logique établi entre cette hypothèse et des vérités antérieurement établies.*

Le meilleur type de la vérification des hypothèses rationnelles se trouve dans un traité de géométrie. Les démonstrations dont se compose un traité de cette science relient les affirmations qu'il faut justifier à des affirmations antérieurement démontrées, et finalement aux axiomes de la raison. Rien ne prouve mieux le caractère primitivement hypothétique des théorèmes que le fait qu'ils peuvent être conçus avant que l'on en trouve la preuve. Il peut même arriver que le temps qui s'écoule entre la découverte d'une vérité géométrique et sa démonstration soit considérable. Voici, à ce sujet, un exemple bien significatif [1]. Un géomètre allemand du XVe siècle formula une proposition que des essais graphiques justifient toujours ; mais des dessins, quel que soit leur nombre, ne constituent pas une démonstration géométrique. L'inventeur du théorème ne réussit pas à en faire la preuve, et les géomètres du XVIe et du XVIIe siècle le considérèrent comme une simple curiosité scientifique. Euler trouva la démonstration, qui est fort longue dans ses œuvres, et qui est singulièrement abrégée aujourd'hui par l'emploi du calcul différentiel. Voilà donc une hypothèse mathématique dont la vérification s'est fait attendre pendant plus de trois siècles.

Lorsque la démonstration d'une vérité rationnelle est trouvée, cette vérité acquiert immédiatement le caractère de la certitude ; elle ne passe pas par des degrés divers de probabilité. Il faut seulement qu'elle soit soumise au contrôle d'hommes compétents, qui témoignent qu'il n'y a pas eu erreur dans l'emploi fait des données de la raison (49).

---

[1] Je dois la communication de ce fait à l'obligeance de M. Raoul Pictet.

60. *Une hypothèse purement expérimentale peut être immédiatement confirmée avec certitude.*

Une hypothèse purement expérimentale n'est que l'expression d'un fait supposé (17). Le fait étant constaté, la supposition est immédiatement confirmée. Un chimiste pense obtenir un certain résultat par la combinaison de deux corps; la combinaison étant opérée le résultat est conforme à sa prévision. Un physicien suppose que, dans telles conditions de température et de pression, un gaz peut être liquéfié; les conditions étant réalisées le gaz devient liquide. Un botaniste suppose que des plantes considérées comme appartenant à deux espèces diverses sont de simples variétés; il obtient, en semant des graines prises sur un même pied, deux plantes différentes semblables chacune à l'une de celles qui avaient fait l'objet de la supposition; l'hypothèse est justifiée. Un archéologue émet l'avis qu'un bâtiment d'une nature déterminée a existé jadis dans un tel lieu; on procède à des fouilles qui mettent au jour les restes du bâtiment supposé. Dans ce cas, et dans tous les cas analogues, les hypothèses ont été vérifiées avec certitude et d'une manière immédiate, parce qu'elles ne portaient que sur des faits. Il n'en est pas de même lorsqu'il s'agit de théories.

61. *La vérification d'une hypothèse explicative suppose la déduction de ses conséquences, et la comparaison de ces conséquences avec les faits.*

Il y a ici un double travail: un travail de la raison qui déduit les conséquences logiques de certaines affirmations, et un travail d'observation pour comparer les déductions des hypothèses faites avec les données de l'expérience. Le contrôle ne porte pas directement sur les hypothèses, qui ont toujours un caractère général et par conséquent abstrait, mais sur des conséquences qui se prêtent à l'observation. La loi d'inertie, par exemple, qui est le fondement de la mécanique et, par la mécanique, de la physique entière, n'est pas susceptible d'être vérifiée directement. Cette loi, en effet, affirme que, en l'absence de toute cause extérieure, un corps en mouvement doit continuer à se mouvoir indéfiniment en ligne droite. Or nous ne pouvons observer aucun mouvement en ligne droite qui soit continu. Les mouvements nés de la pesanteur à la surface du globe sont droits, mais ils s'arrêtent; les mouvements des astres dans le ciel sont continus, mais ils ne s'effectuent pas en ligne droite. La loi d'inertie ne peut donc pas être confirmée expérimentalement dans ses données immédiates; mais elle est confirmée dans ses conséquences parce que ces conséquences fournissent une explication satisfaisante des faits.

On a demandé si le couronnement de Charlemagne a été le résultat d'une volonté préméditée de sa part, ou si c'est le pape qui a pris l'initiative d'une mesure à laquelle Charlemagne n'aurait fait que consentir. Il est impossible de contrôler directement l'une ou l'autre de ces hypothèses, puisqu'il faudrait pour cela être dans la conscience de Charlemagne, ou, pour autant qu'on admettrait la sincérité de sa parole, avoir été le confident de ses pensées. Que fera l'historien ? Il constatera de son mieux les faits contenus dans les documents de l'époque, et il cherchera à déterminer quelle est celle des deux hypothèses dont les conséquences expliquent le mieux l'ensemble de ces documents.

62. *Une hypothèse n'est vérifiable que si ses conséquences peuvent être contrôlées par l'observation des faits.*

Ceci est la conséquence immédiate de l'affirmation précédente. Puisqu'une hypothèse n'a d'autre valeur que celle qui résulte de la comparaison de ses conséquences avec les données de l'observation, toute hypothèse qui ne produit pas de conséquences de cette nature demeure invérifiable. Quelle est la nature du soleil ? Cet astre est-il un corps solide entouré d'une photosphère comme le pensent encore quelques astronomes, ou bien, ce qui paraît plus probable, est-il à l'état liquide ou gazeux ? Ces deux suppositions ont des conséquences susceptibles d'être mises en regard des données de l'observation ; elles sont donc vérifiables par leur nature. Le soleil est-il habité par des créatures intelligentes ? Ici nous ne possédons et, selon toute apparence, nous ne posséderons jamais aucune donnée observable qui permette de résoudre la question. La question, en effet, ne serait point résolue dans le cas où la théorie qui fait du soleil un corps incandescent serait solidement établie. Nous savons bien que des organismes pareils aux nôtres ne peuvent pas vivre dans le feu ; mais rien ne prouve que des êtres intelligents ne puissent être pourvus d'une organisation capable de subsister dans des conditions différentes de celles qui sont nécessaires à notre vie.

En histoire, les suppositions qui portent sur ce qui serait arrivé dans le cas où tel événement n'aurait pas eu lieu ne seront jamais susceptibles d'une vérification sérieuse. Que serait-il advenu si Cromwell était mort enfant, où si Napoléon Bonaparte n'était pas né ? Où en serait notre logique si Aristote n'avait pas vécu, et notre astronomie si Kopernik n'avait pas fait des travaux scientifiques ? Toutes les questions de cet ordre peuvent donner lieu à des jeux d'imagination plus ou moins agréables, mais auxquels la porte de la science demeurera toujours fermée. Toute idée dont la vérification sérieuse n'est pas possible demeure à l'état de simple conjecture, et l'abus des conjectures dont on a encombré le sol de la science a été l'une des causes les plus apparentes du discrédit de l'hypothèse. Il faut donc laisser à l'écart les fantaisies de l'imagination ; mais il ne faut pas être trop prompt à déclarer impossible la vérification de telle ou telle idée, voici pourquoi :

63. *Une hypothèse invérifiable dans l'état actuel de la science, peut devenir vérifiable plus tard.*

On objectait à Kopernik l'idée que si sa doctrine était vraie, Vénus aurait des phases comme la lune, ce qui, disait-on, n'était pas. A l'époque où l'objection fut formulée, les moyens d'observation ne permettaient pas de reconnaître les phases de Vénus; l'invention du télescope a permis de les constater. Le perfectionnement des instruments joue un rôle considérable dans l'histoire de la science, en permettant des vérifications qui étaient impossibles auparavant. Il n'y a pas beaucoup d'années qu'on aurait pu déclarer chimérique la prétention de constater la composition chimique des astres. Aujourd'hui, l'analyse spectrale permet de discerner dans les profondeurs du ciel la présence de tel métal ou de tel gaz. Au point de vue scientifique, l'analyse spectrale est un des faits les plus considérables de notre époque, puisqu'elle nous instruit de la composition de corps placés à des distances énormes, et que, d'un autre côté, elle peut, avec une puissance plus grande que l'analyse chimique ordinaire, signaler la présence d'une quantité de matière extrêmement faible.

Pour les sciences historiques, la découverte de nouveaux documents joue un rôle analogue à l'invention de nouveaux instruments pour les études physiques. Tel vieux parchemin, enfoui dans la poussière de nos bibliothèques ou dans des archives encore inexplorées, permettra peut-être de résoudre avec certitude des questions qui, dans l'état actuel de nos connaissances, demeurent de simples conjectures. Il faut en dire autant des fouilles qui mettent au jour les débris du passé cachés dans le sol, et du déchiffrement des inscriptions anciennes. Combien de suppositions sans contrôle sérieux possible aujourd'hui, pourront devenir des hypothèses vérifiables par les recherches de nos savants égyptologues et des hommes qui étudient les restes des anciennes civilisations de l'Asie.

64. *Les hypothèses explicatives passent par des degrés divers de probabilité, et peuvent atteindre la certitude.*

Le caractère graduel de la confirmation des hypothèses explicatives les distingue des hypothèses des deux classes précédentes pour lesquelles la vérification peut donner une certitude immédiate. Comment une hypothèse explicative peut-elle atteindre la certitude ? La question est la même que pour le témoignage (50). Il faut cependant noter une différence. Le témoignage, lorsqu'il est valable, donne à l'affirmation des faits une certitude égale en degré, bien que d'un ordre différent, à la certitude mathématique ou métaphysique. Les hypothèses explicatives sont des théories à l'égard desquelles un doute abstrait demeure toujours possible, mais qui finissent toutefois par obtenir des savants une adhésion générale et sans réserve. L'existence de l'éther est indispensable à la physique moderne ; et cette existence toutefois peut être révoquée en doute par quelques individus. La théorie des glaciers, pour l'explication des terrains erratiques, est très généralement admise par les géologues contemporains ; il n'y a cependant qu'un très petit nombre d'années que des savants estimables ne l'acceptaient pas. L'hypothèse de Kopernik se présente dans d'autres conditions. Elle a atteint un caractère de certitude après avoir été longtemps et ardemment contestée. La contestation n'a pris fin qu'à l'époque où la grande découverte de Newton a justifié la théorie qui en formait la base.. Les expériences de Foucault ont apporté à

cette théorie un nouvel appui ; c'est pourquoi, ainsi que le dit M. Delaunay « on regarde depuis long-
« temps le mouvement de rotation de la terre autour
« de la ligne des pôles comme une vérité incontes-
« table. [1] »

65. *Les hypothèses explicatives vérifiées ne prennent jamais le caractère de nécessité des données de la raison.*

Il faut se garder de confondre la certitude qui s'attache à une idée avec son caractère de nécessité (7), et il importe aussi de distinguer la conception d'une nécessité en soi, ou absolue, de celle d'une nécessité pour notre pensée. C'est ici de la nécessité pour notre pensée qu'il est question. Lorsqu'un principe a été supposé pour l'explication des faits, on en tire les conséquences par une déduction logique qui a formellement le même caractère que la déduction des sciences purement rationnelles, mais, dans les sciences de faits, les points de départs n'ont pas un caractère de nécessité pour notre pensée comme celui des axiomes. La loi de la gravitation explique le mouvement des astres; mais il est facile de concevoir un autre système du monde que celui que l'expérience nous révèle, tandis qu'il n'est pas possible de concevoir une autre nature du triangle. On rencontre, dans les écrits de plusieurs de nos contemporains, la pensée manifestement fausse que l'expérience peut révéler des lois nécessaires. C'est

---

[1] *Cours élémentaire d'astronomie*, § 75.

une application indue des notions transcendantes de la raison à des objets essentiellement contingents par leur propre nature.

L'absence de nécessité de toutes les données qui ont une base expérimentale explique la différence de l'histoire des sciences mathématiques et de celle des sciences explicatives. Les vérités mathématiques sont plus ou moins connues; mais une fois découvertes, elles demeurent comme des acquisitions définitives. En géométrie, les procédés de déduction, l'ordre d'exposition des idées, peuvent varier d'un temps à un autre, d'un auteur à un autre, mais jamais un théorème solidement établi n'a été remplacé par un théorème contraire. Les sciences explicatives varient, non pas seulement dans les procédés d'exposition, mais dans leur contenu. Il est facile de s'en assurer en considérant, par exemple, pour la théorie de la lumière, la substitution de la doctrine des ondulations à celle de l'émission et, d'une manière générale, la substitution de la physique moderne à la physique ancienne. Les lois purement expérimentales qui sont la simple expression des faits, subsistent, comme les théorèmes mathématiques, une fois qu'elles ont été valablement vérifiées. Les théories destinées à rendre raison des faits ont une autre destinée; elles changent, se succèdent et se remplacent, jusqu'au moment où elles deviennent incontestées, comme c'est le cas pour la doctrine de Kopernik et pour la loi de la gravitation. Mais, alors même qu'elles ont acquis dans l'esprit des savants le caractère de la certitude, les théories explicatives ne s'imposent jamais à titre de vérités nécessaires. On ne leur attribue ce caractère que par une influence indue de l'habitude, ou par l'influence, non moins indue, d'un *a priori* systématique. Bien qu'une loi soit absolument vérifiée, il est toujours possible d'en concevoir une autre.

VALEUR DE LA SCIENCE

66. *La science humaine sera toujours incomplète.*
La science a fait de grands progrès, et l'on peut concevoir à son égard de grandes espérances ; mais croire que nous aurons jamais une science vraiment totale est une illusion tellement naïve qu'on hésite à prendre la parole pour la réfuter. Le poète Lemierre a écrit :

« Croire tout découvert est une erreur profonde ;
« C'est prendre l'horizon pour les bornes du monde. »

Cette erreur n'est sérieusement à craindre que pour les hommes éblouis et comme enivrés d'un demi savoir. Plus l'esprit scientifique se développe, plus il discerne clairement ses limites. Le sentiment de cette vérité est exprimé sous une forme vive dans les paroles attribuées à Socrate : « Je ne sais qu'une chose, c'est que je ne sais rien. » Il n'est presque pas de problème dont la solution découverte ne pose des problèmes nouveaux. Laplace, en terminant son *Exposition du système du monde,* signalait la grandeur de l'esprit humain manifestée « dans l'extrême petitesse de la base qui lui a servi pour mesurer les cieux ; » mais Laplace avait un esprit trop vaste pour ne pas reconnaître, avec la grandeur de la pensée humaine, son caractère incomplet et relativement misérable. Dans l'oraison funèbre qui fut prononcée près de sa tombe, on affirma qu'il avait dit avant de mourir : « Ce que nous connaissons est peu de chose, ce que nous ignorons est immense. » Le grand astronome avait prononcé des paroles plus accentuées : Voici, d'après le témoignage de Poisson, ce qui s'est passé au lit de mort de son illustre maître près duquel il se trouvait. Comme la vue du malade était affaiblie, il lui dit ces mots : « C'est moi, Poisson, votre élève ; celui-là est B. dont les calculs ont servi à mettre en évidence vos brillantes découvertes. » Le mourant regarda un moment Poisson d'un air pensif, puis il dit péniblement : « Ah ! nous courons après des chimères. » Après avoir prononcé ces paroles, il tourna la tête sur son oreiller et expira bientôt. En sortant de la chambre funèbre, Poisson raconta immédiatement la chose au baron Maurice, ami du défunt. [1]

Pourquoi notre science est-elle, et sera-t-elle toujours incomplète ? Le temps manque, même à l'homme universel de Pascal, et nos sens sont bornés. Mais, en admettant un temps indéfini et des instruments indéfiniment perfectionnés pour suppléer à la faiblesse de nos sens, il restera toujours

---

[1] Lettre inédite du baron Maurice que sa famille a bien voulu me communiquer.

des régions ténébreuses dans le passé. Les documents historiques sont fort incomplets, et les hypothèses de la paléontologie géologique et de la paléontologie linguistique ne pourront jamais remédier, d'une manière tant soit peu certaine, aux incertitudes de l'histoire. Nous pouvons former quelques prévisions pour l'avenir ; mais les prévisions historiques sont bien douteuses. Les prévisions des physiciens offrent un peu plus de garanties ; ce serait pourtant courir de grandes chances d'erreurs que d'admettre pour absolument valable la doctrine de la fin de notre monde, fondée sur l'étude des lois du calorique. Laissons de côté le passé et l'avenir, restons dans le présent. Qu'y a-t-il au delà des dernières étoiles que les télescopes les plus puissants nous rendent visibles ? Qu'y a-t-il dans les corps au delà de ce que le plus fort microscope nous révèle ? nous ne savons. Or il résulte de l'harmonie du monde, et de l'étroit enchaînement de ses différentes parties, que, ne sachant pas tout, nous ne pouvons savoir le tout de rien.

Nos sens sont comparables à des fenêtres percées dans la muraille d'une prison ; nous ne connaissons que ce qu'ils nous montrent, et combien de choses peuvent demeurer inconnaissables pour nous dans le monde au sein duquel nous sommes placés. L'histoire de la physique montre que l'étude de l'électricité a été très en retard sur celle du son, de la chaleur et de la lumière. L'électricité ne se révèle à nous que par des manifestations qui s'adressent à la vue, à l'ouïe, aux sensations musculaires. Si nous possédions un sens spécial pour la percevoir, sens que possèdent peut-être quelques animaux, son étude serait beaucoup plus avancée. S'il existe des phénomènes physiques qui ne soient l'objet, ni d'une perception directe, ni d'une perception indirecte comme celle que nous avons de l'électricité, ces phénomènes seront à jamais inconnus pour nous, aussi longtemps du moins que notre organisme sera le même. Notre connaissance est donc partielle. Confondre l'objet de notre connaissance possible avec la totalité de ce qui est, est une grosse erreur. La source scientifique de cette erreur se trouve dans le rationalisme qui croit que nous portons en nous le principe universel des existences. Nous ne connaissons les choses qu'en partie, nous ne les connaissons que par leurs rapports avec nous, d'où résulte que notre connaissance n'est pas seulement partielle, mais qu'elle est aussi relative.

67. *La science humaine est relative.*

Nous ne pouvons rien connaître que par le moyen de nos perceptions et sous la condition des lois de notre pensée. Il existe des choses en soi, ou des substances (24), car si rien n'était, rien ne pourrait se manifester; mais nous ne pouvons connaître que conformément aux modes de notre connaissance. L'affirmation est d'une telle évidence qu'elle en prend un caractère de naïveté. Comment les êtres seraient-ils perçus par des sens que nous n'avons pas, par des intelligences organisées autrement que la nôtre ? Nous ne le savons pas, et nous n'avons aucun moyen de le savoir. Les lois intellectuelles sont-elles les mêmes dans l'univers entier ? nous ne savons. Les êtres organisés pourraient vivre dans des conditions physiologiques différentes de celles que notre science détermine, et il peut en être de même pour les organismes intellectuels. M. Zöllner, professeur d'astronomie physique à Leipsig, admet l'idée d'une quatrième dimension de l'espace ; et, sous l'influence d'un spirite américain, il est arrivé à la pensée que les esprits nous apparaissent en sortant de cette quatrième dimension, et disparaissent en y rentrant [1]. Cette conception est extrêmement bizarre ; mais dire que des intelligences organisées autrement que la nôtre pourraient avoir une autre géométrie, ce n'est pas dire une chose absurde. Seulement, pour que la science demeurât possible, il faudrait que le monde dans lequel ces intelligences seraient placées fût organisé autrement que celui dans lequel nous sommes. La correspondance des éléments objectifs de la réalité et des éléments subjectifs de la pensée est la condition du savoir. Toute notre connaissance a donc un caractère relatif ; mais il est essentiel de distinguer une relativité personnelle et une relativité collective et humaine. Je me trompe, et, lorsque je corrige mon erreur, je la corrige en mettant ma pensée d'accord avec la raison de l'humanité (15). Le caractère relatif de notre savoir n'autorise pas le scepticisme ; il a seulement pour conséquence l'affirmation que nous ne pouvons pas donner à

---

[1] *Revue philosophique* de décembre 1879, page 660 et suiv.

notre science une valeur absolue. Il peut y avoir dans l'univers des mondes organisés autrement que le nôtre ; et nous pouvons passer nous-mêmes dans un état de choses différent de celui au sein duquel nous sommes placés ; mais il n'en résulte pas que notre savoir soit vain et trompeur.

68. *Le caractère relatif de la science ne détruit pas sa valeur.*

Sans être absolue, dans le sens métaphysique de ce terme, notre science peut être vraie, et elle l'est. Les mathématiques sont vraies, c'est-à-dire que les conceptions nécessaires de la pensée qui s'expriment par le calcul se trouvent réalisées dans l'objet de nos perceptions ; les progrès de la physique mathématique sont la confirmation toujours croissante de cette vérité. Le principe de causalité est vrai ; dans le domaine entier de l'expérience, rien ne se produit à partir du néant. L'induction, lorsqu'elle est légitimement appliquée, donne des résultats vrais parce que les lois de la nature se manifestent avec un caractère de constance. Il y a donc harmonie entre les lois de notre pensée et les réalités qui sont l'objet de notre expérience. L'homme ne peut sortir de sa pensée comme sujet de la connaissance ; mais sa pensée a pour objet : tantôt des idées qui sont l'objet des sciences rationnelles, et tantôt des perceptions qui sont l'objet des sciences expérimentales. Ces deux ordres distincts s'accordent ; la science dans sa généralité n'est que la recherche de cet accord. La conception possible d'autres intelligences harmonisées avec d'autres modes de perceptions ne détruit en aucune façon la valeur de la science qu'il nous est possible d'atteindre. Il existe une harmonie entre la raison humaine et le monde dans lequel l'homme est placé ; cela suffit pour nous mettre à l'abri des atteintes du scepticisme. Du reste, l'histoire de la pensée humaine montre que le scepticisme bat en retraite.

69. *Le scepticisme des anciens a fait place au positivisme des modernes.*
On voit se manifester dans la philosophie de l'antiquité un doute universel portant également sur les vérités de tous les ordres et sur tous nos moyens de connaissances. La valeur des perceptions sensibles était révoquée en doute aussi bien que celle des données de la raison. Telle est la manière de penser qui reste attachée au nom de Pyrrhon, et qui entraînait la négation radicale de la valeur de la science. La science a répondu comme Diogène répondait aux arguments dirigés contre la possibilité du mouvement, elle a marché. Un des caractères spéciaux de l'époque contemporaine est le développement prodigieux des industries scientifiques. Le pouvoir de l'homme sur les phénomènes naturels s'est développé dans la proportion de son savoir, et la réalité de ce pouvoir a fourni la preuve irrécusable de la réalité du savoir sur lequel il repose. Ce qui constitue le positivisme c'est la prétention de confiner l'esprit humain dans la simple coordination des faits, et le refus d'accorder aucune

valeur, soit aux croyances religieuses, soit aux conceptions métaphysiques. C'est le scepticisme en ce qui concerne un monde supérieur à l'expérience ; mais c'est l'affirmation de la valeur des sciences expérimentales et, par conséquent, de la valeur des perceptions. Il n'est donc plus question du doute universel des anciens. Si le positivisme s'en tenait à son programme officiel, il limiterait les recherches de la pensée à la partie purement expérimentale des sciences (17). Il y aurait déjà là un progrès sur le scepticisme, mais ce n'est pas tout. En réalité les positivistes ne réussissent pas à se renfermer dans leur programme ; ils ne se bornent pas à la simple coordination des faits, ils en cherchent l'explication. Par cette recherche la pensée est conduite à la considération des causes, ce qui la sort du positivisme, comme l'idée des lois qui coordonnent les faits la sort du scepticisme absolu. Ce travail s'est accompli, comme on l'a vu, dans l'esprit d'Auguste Comte (31).

Il est impossible de nier sérieusement l'accord de l'ordre de nos pensées vraies et de celui de nos perceptions exactes, puisque, pour le répéter encore une fois, la science n'est que la recherche de cet accord, son but étant de rendre raison de l'expérience (13). Demandera-t-on si cet accord est celui de deux illusions concordantes, sans qu'il existe aucune réalité ? Ce vertige de la pensée est possible comme le démontre l'existence du scepticisme absolu. Il est impossible de prouver la valeur des éléments premiers de tout savoir ; mais il est impossible aussi de nier sérieusement cette valeur. Pascal l'a dit : « Nous avons une impuissance de « prouver invincible à tout le dogmatisme ; nous « avons une idée de la vérité invincible à tout le « pyrrhonisme [1] ». Pourquoi le scepticisme absolu est-il possible et impossible ? C'est une question à noter, question à laquelle la philosophie doit chercher une réponse. Cette réponse se trouve dans la pensée que le scepticisme est possible théoriquement, parce que notre savoir n'a pas un caractère absolu, et qu'il est impossible pratiquement parce que notre savoir peut être vrai. Sans développer cette considération, il suffit de constater ici que le positivisme des modernes est une atténuation importante du scepticisme des anciens, et que le fait n'a peut-être pas été assez remarqué par les historiens de la philosophie.

[1] *Pensées de Pascal.* Edition Faugère, tome II, page 99.

POSTULATS DE LA SCIENCE

70. *La science dans sa généralité a un certain nombre de postulats.*

Les postulats, qui n'ont peut-être pas suffisamment attiré l'attention des logiciens, jouent un rôle considérable dans la pensée (8). Les sciences particulières ont leurs postulats spéciaux. La chimie suppose qu'il existe dans la nature des matières primitives qui forment les corps par leurs composés divers. La physique suppose la constance des lois qui président aux phénomènes. Les recherches de la biologie partent de la présupposition du caractère fonctionnel des organes. La morale suppose que l'homme possède un élément de liberté qui le rend, partiellement au moins, responsable de ses actes. La science dans sa généralité a des postulats, qui qui ont la valeur de la science même, et l'un de ces postulats est le même que celui de la morale :

71. *La science suppose chez l'homme un élément de liberté.*

L'acte libre intervient dans le développement de

l'intelligence. L'attention nécessaire, soit pour constater les faits, soit pour déduire et contrôler les conséquences des hypothèses, est un acte volontaire. La tentative faite par Condillac pour ramener l'attention à une sensation prédominante, et pour lui donner ainsi un caractère de passivité et de nécessité, est tout à fait illusoire. Lorsque, poursuivant une étude, je fixe mon esprit sur un ordre déterminé de pensées, en résistant à l'influence d'un bruit qui risque de me distraire, l'acte de mon attention est si peu le résultat d'une sensation forte, qu'il entre en conflit avec la sensation qui tend à devenir prédominante.

L'effort accompli pour passer de l'opinion à la science (3) est le résultat d'un acte libre. Un déterministe conséquent se bornerait à regarder couler ses pensées dans un ordre qu'il estimerait nécessaire, et ne tenterait pas d'en modifier le cours. Cette position de simple spectateur à l'égard des phénomènes intellectuels est inconciliable avec l'idée d'une recherche, et la recherche est le caractère de la science. La distinction entre la simple opinion et la pensée scientifique ne saurait être contestée, et cette distinction est inintelligible dans la théorie du déterminisme absolu. On ne pense pas comme on veut, mais il entre dans nos pensées un élément de volonté. Il faut vouloir pour se livrer à la recherche de la vérité. La pensée, une fois en action, est dominée, soit par les données de l'expérience qui s'imposent, soit par les lois de l'intelligence ; mais la volonté conserve à son égard un pouvoir de direction. C'est pourquoi, abstraction faite des considérations proprement morales, on est partiellement responsable de ses erreurs. Cette responsabilité porte sur l'absence de la recherche de la vérité dans des conditions où cette recherche serait possible. L'homme auquel une circonstance quelconque donne un sentiment vague qu'il est dans l'erreur et qui ne fait rien pour en sortir demeure responsable de son état. Dans une recherche entreprise, il ne serait point le maître du résultat de l'investigation, mais l'acte initial dépend de lui.

72. *La science suppose la diversité du sujet de la connaissance et de son objet.*

L'expression *je sais* a toujours un régime direct énoncé ou sous-entendu. Le sujet qui connaît se distingue nécessairement de l'objet connu. Cette distinction subsiste même dans la connaissance que l'esprit a de lui-même, parce que, bien que l'esprit soit à la fois sujet et objet, ce qui est le caractère de la personnalité, la connaissance est un fait subjectif qui ne peut être confondu avec son objet.

Il faut noter d'abord la diversité de la pensée individuelle et de la raison, la raison constituant pour l'individu une réalité idéelle essentiellement distincte de ses modes subjectifs (11). Un théorème de géométrie que je connais a pour moi une objectivité aussi réelle que celle des corps. Il faut noter ensuite la différence de la raison, ou de la pensée collective de l'humanité, et des réalités expérimentales. La pensée avec ses lois nécessaires diffère des objets variables et contingents auxquels elle s'applique, autant que l'organe de l'œil diffère des objets dont il nous fournit la perception.

Cette différence de la pensée et des réalités auxquelles elle s'applique semble très évidente ; elle a cependant été souvent niée par des philosophes, et elle l'est encore. Il est impossible de faire de la philosophie sans s'éloigner, au moins en apparence, des pensées ordinaires et des suggestions les plus naturelles du sens commun, mais on peut s'en éloigner dans deux directions différentes. On peut suivre une voie conduisant à des idées qui (telle était du moins l'opinion de Leibniz) se trouvent définitivement revenir aux opinions communes convenablement interprétées [1]. On peut suivre une autre voie conduisant à des idées étranges qui n'ont que la fausse apparence de la profondeur parce qu'elles sont le résultat d'une pensée qui s'égare dans des régions ténébreuses.

Les efforts faits pour nier la diversité de la pensée et de son objet, ont eu lieu dans deux directions différentes : celle de l'empirisme qui tente d'identifier la pensée à son objet, et celle de l'idéalisme qui s'efforce d'identifier l'objet à la pensée.

Le caractère de l'empirisme est de réduire le sujet de la connaissance à une réceptivité passive, et de faire procéder toutes nos idées du dehors. Locke admet deux sources d'idées : la sensation et la réflexion ; Condillac a trouvé plus simple de sup-

---

[1] *Préceptes pour avancer les sciences.* Edition Erdmann, p. 167.

primer la réflexion pour tout ramener à la sensation transformée. Saint-Lambert, oubliant que la sensation suppose un sujet qui sent, a défini l'homme comme étant « une masse organisée et sensible qui reçoit de tout ce qui l'environne et de ses besoins, cet esprit dont il est si fier. » Voilà la part du sujet de la connaissance absolument supprimée. Les choses en étant venues à ce point, il s'est produit une double réaction. Kant a démontré que nous ne connaîtrions rien sans les lois de la pensée qui sont la condition nécessaire de toute connaissance. D'autres philosophes, Laromiguière et Maine de Biran en particulier, ont fait remarquer que l'activité du sujet n'est pas moins nécessaire à la connaissance que les données *a priori* de la raison. D'une manière générale, il est facile d'établir que lorsque l'empirisme arrive à supprimer la part du sujet dans la connaissance il est la victime d'une distraction, puisqu'il suppose toujours la chose même qu'il entreprend de nier. Faire du moi, du sentiment de l'existence personnelle, un produit de la sensation, c'est oublier cette vérité bien manifeste que la sensation, phénomène psychique, est un mode du moi, et par conséquent le suppose.

La négation de la part de l'objet dans la connaissance est plus spécieuse pour un esprit philosophique que la négation du sujet, bien qu'elle choque plus directement le sens commun. Je ne connais rien que par le moyen de ma pensée, donc il m'est impossible d'en sortir et de connaître un objet distinct du moi : tel est l'idéalisme subjectif absolu que l'on attribue à Fichte, par une interprétation de sa doctrine contre laquelle quelques historiens soulèvent des objections dont l'examen n'a pas d'importance pour l'objet actuel de mon étude. Cette doctrine, qui supprime l'objet dans le fait de la connaissance, se heurte à la difficulté que voici : Si l'esprit n'avait conscience que de ses propres modes, il est impossible de comprendre d'où viendrait la distinction de la vérité et de l'erreur. Je me trompe cependant et je me corrige. Dans l'ordre des idées purement rationnelles, une pensée objective s'impose à moi et redresse mes erreurs. Dans l'ordre des idées expérimentales, mes erreurs sont corrigées par la perception et par le témoignage. Comment nier la différence d'une subjectivité qui s'égare et d'une objectivité qui la redresse ? La réponse est impossible si l'on ne reconnaît pas la différence essentielle du sujet et de l'objet de la connaissance.

73. *La science suppose l'harmonie des faits et de la raison.*

On constate l'accord des lois de la pensée avec les phénomènes toutes les fois qu'on a découvert un principe vrai d'explication. Cet accord, qui renferme la réfutation du scepticisme absolu (68-69), est supposé avant d'être constaté. Il n'est pas seulement le résultat de la science, il en est le principe, puisque toute recherche ayant pour but de rendre raison de l'expérience résulte de la persuasion préalable que les données de l'expérience sont disposées dans un ordre conforme à la raison. Lorsque

M. Leverrier a commencé les calculs qui l'ont conduit à la découverte d'une planète nouvelle, il agissait sous l'influence de la conviction que les mouvements des astres sont réglés selon des lois conformes aux données des mathématiques. Cette conviction, qui arrive à l'état réfléchi dans l'esprit du savant, est instinctive et se manifeste dès le début de la vie. Le premier pourquoi de l'enfant suppose en effet que les réalités sont disposées dans un ordre que la raison peut reproduire, et qui les rend intelligibles. C'est le postulat de toute la science ; toute la science le confirme, mais il préexiste à son développement. Les réalités ne sont intelligibles que parce qu'elles sont d'accord avec les lois de la pensée, mais la pensée ne contient pas des principes *a priori* auxquels le raisonnement puisse s'appliquer pour construire le système des choses. C'est là l'erreur du rationalisme (44), erreur qui naît de ce qu'on méconnaît la nécessité de l'expérience, et qu'on oublie le rôle de l'hypothèse dans les découvertes.

74. *La science suppose la réalité d'un ordre universel.*

La tendance à l'unité est le caractère essentiel des recherches scientifiques (54). Cette tendance se manifeste dans l'induction qui saisit le général dans le particulier ; elle se montre dans la recherche de lois toujours plus générales et plus simples ; elle se manifeste aussi dans la recherche des rapports qui relient les différentes classes d'êtres et de lois. Ces rapports constituent une harmonie ; et l'harmonie révèle un principe d'unité dans la coordination de la multiplicité des choses, c'est-à-dire un ordre universel. La science ne suppose pas seulement l'unité de l'intelligence, ce qui est évident, mais aussi l'unité de son objet. De même que tous les rayons d'une circonférence ont un même centre, l'esprit scientifique dans toutes ses recherches a en vue, d'une manière consciente ou inconsciente, une unité qui relie les différentes parties du monde. La pensée de cet ordre universel n'est pas seulement le résultat de la science, c'est aussi sa présupposition nécessaire. Cette présupposition se montre d'une manière bien évidente dans les essais prématurés de synthèse qui caractérisent les travaux des plus anciens philosophes connus. Il y a là une tendance naturelle à la raison, tendance qui est favorisée ou contrariée par les doctrines généralement reçues, et spécialement par les traditions religieuses. Le polythéisme fait obstacle à la recherche du principe de l'ordre universel, en supposant qu'il peut exister des causes primitivement distinctes et sans rapports les unes avec les autres. Le monothéisme au contraire, en affirmant l'unité du principe du monde, favorise et développe la tendance naturelle de la raison. Humboldt a écrit : « L'harmonie et l'ordre « dans l'univers s'offrent aujourd'hui à l'esprit « comme le produit de longues et sérieuses observa- « vations ; » mais il remarque très justement que cette conception « s'est révélée primitivement au

« sens intérieur comme un vague pressentiment [1]. » L'exemple le plus remarquable d'un pressentiment de cette nature est peut-être la conception de Pythagore qui, en affirmant que le nombre est le principe universel d'explication, a été, à près de vingt siècles de distance, le prophète de la physique mathématique.

Pour peu qu'on prenne la peine de réfléchir, on comprendra facilement que la science confirme le principe général de ses recherches, mais ne saurait pas le créer. Or ce principe est la présupposition de l'ordre des réalités. Ce postulat, du reste, n'est que celui de l'harmonie des faits et de la raison présenté dans l'une de ses applications. Ce que nous appelons ordre n'est jamais, et ne peut être, que l'accord des réalités perçues avec les lois de l'intelligence.

La conviction qu'il existe un ordre qui nous rend le monde intelligible subit parfois quelques ébranlements; mais il est facile de constater que ces ébranlements ne portent au fond que sur la valeur de systèmes auxquels on avait ajouté foi sans des motifs légitimes. Ce n'est que par le fait d'une secousse intellectuelle prenant un caractère maladif que le doute qui porte sur la formule d'un certain ordre supposé par des savants serait appliqué à l'idée de l'ordre en lui-même. Pourquoi un système est-il abandonné? Parce qu'on a constaté des faits qui le contredisent, et qui montrent ainsi que sa

---

[1] *Cosmos*, tome I, page 2.

base était trop étroite; mais la science ne se laisse pas arrêter dans sa marche par le découragement qui peut atteindre un certain nombre d'esprits. L'ordre qu'on avait conçu ayant été reconnu insuffisant, on cherche un ordre plus élevé et plus simple; et, dans la mesure où la science progresse, on le trouve. Le doute qui porte sur des systèmes insuffisants est si peu le scepticisme qu'il est le résultat de la foi en la science. Croire à la science, c'est croire l'univers régi selon les lois de la raison. Or la loi fondamentale de la raison est la recherche de l'unité sous ses différentes formes, et spécialement sous la forme de l'harmonie qui est l'unité maintenue dans la multiplicité. Ces considérations nous amènent directement à l'étude de la philosophie. Après avoir déterminé son genre qui est la science, il nous faut reconnaître ses caractères spécifiques.

SECONDE PARTIE

LA PHILOSOPHIE

75. *La philosophie peut être l'objet d'une définition expérimentale.*

La philosophie a été l'objet de définitions nombreuses, diverses et souvent opposées, au moins en apparence. La diversité de ces définitions tient beaucoup à ce que les auteurs exposent ce que la philosophie peut être ou doit être dans leur opinion. La divergence des opinions personnelles se traduit alors par les différences de définitions. On peut suivre une autre voie en se demandant, non pas ce que la philosophie peut être, ou doit être, dans l'opinion de celui qui parle, mais ce qu'elle a été et ce qu'elle est. Mais comment reconnaître cette chose qu'il s'agit de définir, et qu'on ne peut pas montrer comme on montre une pierre, une plante, un animal ? La difficulté est réelle mais elle n'est pas insurmontable. Dans le catalogue d'une bibliothèque il y a une place réservée aux ouvrages philosophiques. Dans les programmes des universités il y a des cours de philosophie. Dans les dictionnaires biographiques, un certain nombre d'hommes sont désignés comme étant spécialement des philosophes. L'histoire de la philosophie se distingue des autres récits relatifs aux destinées de l'humanité. Il existe assurément de grandes divergences pour le classement des livres, pour la matière des cours universitaires et pour celle des histoires; mais on ne saurait pourtant méconnaître qu'il est des cas où la diversité ne se montre pas. Personne n'hésite à compter Aristote, Platon, Descartes, Leibniz, Kant, dans le rang des philosophes, et nul ne songerait à y placer César, Raphaël ou Beethoven. On hésitera sur la place d'un livre dans un catalogue, mais on ne placera pas un traité d'agriculture ou un essai de critique purement littéraire sous la rubrique de la philosophie. Il y a donc une idée de la philosophie qui demeure incontestée dans son fond, sous des divergences relatives à sa surface; et c'est cette idée qu'il faut discerner et préciser pour arriver à une définition qui résulte de la nature de la chose, et non pas des idées personnelles de tel ou tel penseur.

76. *Pour préciser l'idée de la philosophie, nous étudierons successivement sa matière, son objet, sa méthode, ses postulats, son programme, et les prévisions que l'on peut former sur son avenir.*

Déterminer la matière de la philosophie, c'est

dire quelles sont les choses, les êtres, les idées dont elle s'occupe. Déterminer son objet, c'est indiquer ce qu'elle cherche, ou le rapport spécial sous lequel elle étudie sa matière. La question principale relative à la méthode est celle de savoir si la philosophie a des procédés qui lui soient propres, ou si sa marche est la même que celle des autres sciences. Quant aux postulats, il faut chercher ce que la philosophie suppose en vertu de sa nature spéciale, car elle a du reste les mêmes postulats que la science en général, puisqu'elle appartient à la science comme une espèce à son genre. Tracer le programme de la philosophie, c'est indiquer les parties dans lesquelles elle se divise. Les prévisions que l'on peut former sur son avenir apparaîtront comme la conclusion naturelle et la conséquence des considérations précédentes.

LA MATIÈRE DE LA PHILOSOPHIE

77. *La philosophie a, quant à sa matière, une extension indéfinie.*

Par opposition aux sciences particulières qui se bornent à une classe spéciale d'être ou d'idées, la philosophie ne reconnaît à ses études aucune limite résultant de sa propre nature; son horizon est indéfini. Ce n'est pas là une thèse doctrinale que nous formulons, c'est un fait historique à constater. Les anciennes écoles philosophiques d'Ionie et d'Italie embrassent, dans leurs synthèses hardies et prématurées, la totalité des choses. Démocrite commençait un de ses ouvrages par cette parole altière : « Je vais parler de tout. [1] » Platon, esprit essentiellement tourné vers la région des idées pures, fait rentrer la physique et la politique dans le champ de ses investigations. Aristote est un génie essentiellement encyclopédique qui a marqué sa place dans presque toutes les études; l'histoire naturelle et la politique prennent place dans ses œuvres à côté de

---

[1] *Cicéron... Académiques.* Livre II, § 23.

la métaphysique. Chez les modernes, Descartes, Leibniz, Kant, Hegel abordent des questions de tous les ordres. Dans les travaux des hommes qui sont considérés sans contestation comme les chefs de la philosophie, le caractère de généralité de l'étude est manifeste. Ces maîtres de la science ne s'occupent pas, sans doute, de toutes choses ; mais ils posent des principes dont l'application est universelle ; ils ne considèrent rien comme étant en dehors du champ de leurs recherches. Si leurs travaux sont nécessairement limités, c'est seulement parce que le temps leur manque pour remplir le programme qui est toujours au fond de leur pensée. Le philosophe a des forces limitées, mais l'ambition de sa science n'a pas de bornes. Toute recherche, dès le moment où elle revêt un caractère exclusif, cesse d'être une philosophie dans la haute et pleine acception du mot.

Ce qui peut troubler la vue de cette vérité, c'est l'emploi du mot philosophie dans des manuels d'études et dans des programmes universitaires. En France, par exemple, après la mécanique, la physique et l'histoire naturelle, on place sous la rubrique philosophie les études relatives à l'esprit : la psychologie, la logique et la morale. Ce sont là des sciences particulières, auxquelles on peut donner, par de bonnes raisons, le nom de sciences philosophiques (84), mais qui doivent reposer sur leurs propres bases, tout comme la physique et l'histoire naturelle, et se séparer toujours plus nettement de la science générale. La philosophie proprement dite doit prendre en considération les phénomènes de la matière et ceux de la vie à tous les degrés, aussi bien que les faits de l'ordre spirituel.

On a souvent distingué un domaine ouvert aux investigations scientifiques et un autre domaine réservé à ce qu'on appelle les affaires de sentiment, et dans lequel la science ne pénètrerait pas. Le résultat de cette manière de penser serait une limitation de la matière de la philosophie, puisqu'une portion considérable des faits de la nature humaine se trouverait retranchée de son étude. Il y a là une confusion d'idées qu'il est assez facile de dissiper. L'art demeurera toujours distinct de la science, puisqu'il s'adresse au sentiment, et non pas au désir de connaître ; mais l'art est un fait considérable que la science générale ne doit pas ignorer, et dont elle doit prendre connaissance pour chercher à en rendre raison. De même la religion demeurera toujours distincte de la philosophie, puisqu'elle ne s'adresse pas spécialement à l'intelligence, mais à l'âme entière, à l'esprit dans l'ensemble de ses fonctions ; il n'en résulte pas que la philosophie, en tant que science universelle, puisse se dispenser de prendre en considération un fait aussi considérable que le sentiment religieux et les croyances qui s'y associent (98 à 100).

78. *La culture philosophique développe l'esprit de généralité.*

Cette affirmation est le résultat direct de celle qui précède. Cette influence de la culture philosophique est fort nécessaire de nos jours. Plus les sciences progressent, plus le besoin des études spéciales se fait sentir. Nous ne sommes pas fort éloignés de l'époque où, même dans les établissements d'instruction publique d'un degré supérieur, un seul homme suffisait à l'enseignement de l'histoire naturelle et un autre à celui de toutes les branches de la physique. Aujourd'hui, par le fait de l'accumulation toujours croissante des faits et des idées, une branche très spéciale d'une étude déterminée peut suffire pour absorber toute la vie d'un savant. De même que les progrès de l'industrie moderne ont réclamé l'extrême division du travail manuel, les progrès des sciences contemporaines ont nécessité l'extrême division des travaux intellectuels. La spécialité des études est avantageuse, nécessaire, mais elle peut avoir des inconvénients graves. Elle risque d'éteindre chez des esprits médiocres toute idée générale. Pour les intelligences plus hardies, elle offre un danger d'une autre nature. La spécialité des études, se combinant avec l'instinct de la raison toujours dirigée vers l'un et le général, devient une source de systèmes étroits et de vues fausses, parce qu'on est tenté de prendre pour l'ensemble des choses la seule partie du monde sur laquelle on fixe ses regards. C'est ainsi, par exemple, que les esprits façonnés d'une manière exclusive par les mathématiques et la physique, sont portés à voir la société humaine sous l'image d'une machine, et à se jeter dans les utopies d'un socialisme déterministe. Les sciences particulières, lorsqu'elles sont bien cultivées, peuvent préserver de cet écueil par leur propre développement, car elles ne peuvent pas se développer sans mettre en évidence les rapports qui les unissent les unes aux autres, rapports qui résultent de l'harmonie de l'univers. La physique et les mathématiques, la physiologie et la psychologie, la morale et l'économie politique, sont des sciences distinctes, mais rattachées par des liens étroits, liens qui se montrent d'autant plus que chacune de ces sciences particulières progresse. Toutefois, ce résultat naturel des études spéciales ne se produit pas toujours. La culture philosophique a l'avantage de fixer l'attention sur le rapport des choses par la généralité de sa matière, et d'empêcher ainsi la pensée de se confiner dans un domaine trop étroit. Sans s'opposer à la spécialité nécessaire des études, elle en prévient les inconvénients.

Puisque la philosophie s'occupe de tout, elle a pour base nécessaire une revue générale des sciences particulières et les résultats des sciences particulières ont tous leur expression dans la parole.

79. *La parole dans sa totalité exprime la matière complète de la philosophie.*

La parole est le répertoire de toutes les données de la raison et de tous les résultats de l'expérience. Toutes les substances et tous leurs modes sont désignés par des mots ; tous les rapports des êtres sont exprimés par des propositions. Les lois de la syntaxe révèlent les principes directeurs de l'intelligence. L'étude du langage, dans la mesure où son caractère devient abstrait, se confond avec la psychologie et la logique. On demande à la paléontologie linguistique la nature de civilisations qui n'ont pas laissé de traces dans l'histoire proprement dite. Toute découverte véritablement nouvelle se traduit par un accroissement du vocabulaire. L'homme ne sait rien, n'a rien su et ne saura rien qu'il ne puisse exprimer ; et tout ce qui s'exprime prend place dans la langue. Dire d'un sentiment qu'il est inexprimable, c'est le désigner par un mot qui affirme son existence, tout en affirmant que sa définition est impossible. La matière de la philosophie étant générale, la parole, qui est l'expression universelle du savoir humain, peut donc être considérée comme une réalité sensible qui forme l'objet de la science totale. De là une conséquence pédagogique.

80. *L'étude des langues doit être l'instrument principal du développement de l'intelligence.*
Du lien étroit qui unit la parole à la pensée il résulte que l'étude des langues doit rester la base d'une bonne éducation de l'esprit. Pestalozzi, sous l'influence de disciples qui eurent une action fâcheuse sur la direction primitive de ses idées, avait conçu le projet de faire des mathématiques l'instrument essentiel de la culture pédagogique. L'erreur était grave, puisque les mathématiques ne développent qu'un seul des côtés de l'intelligence, et que des esprits façonnés d'une manière exclusive par la géométrie et l'algèbre seront des esprits

faussés, incapables de saisir la vérité sous ses différentes faces. Pestalozzi disait un jour au Père Girard : « Je veux que mes élèves n'admettent rien qui ne puisse se démontrer comme deux et deux font quatre. » Le Père Girard lui répondit : « Mon ami, si j'avais cent fils, je ne voudrais pas vous en donner un seul à élever, car vous ne pourriez jamais lui démontrer comme deux et deux font quatre que je suis son père et qu'il doit me respecter. » Le grand éducateur fribourgeois choisit l'enseignement de la langue pour l'instrument principal de la culture de l'âme des enfants, parce que la langue, par son caractère de généralité, appelle des études qui peuvent s'adresser harmoniquement à toutes les facultés, à la conscience et au cœur aussi bien qu'à l'intelligence. Mis en pratique de la manière dont l'entendait le Père Girard,[1] l'enseignement de la langue maternelle devient véritablement la philosophie de tous, la philosophie populaire.

Les lettres grecques et latines ont été jusqu'ici la base fondamentale de l'instruction secondaire et supérieure. L'enseignement de la langue maternelle peut étendre, au moins en partie, aux enfants de toutes les classes les avantages très grands de ce mode de culture. La substitution des études réalistes et techniques à l'étude de la parole aurait pour

---

[1] Voir sur la méthode du Père Girard : *De l'enseignement régulier de la langue maternelle,* ouvrage couronné par l'Académie française. — Nouvelle édition, 1 volume in-12, Paris, Dezobry et Magdeleine, 1846.

effet d'abaisser beaucoup le niveau des intelligences. La préparation pour des métiers divers exige des connaissances spéciales ; mais avant de former des ingénieurs, des chimistes, des mécaniciens, il importe de former des hommes, et c'est par l'étude de la parole qu'on peut le mieux développer chez les enfants les germes de l'humanité.

Dans les attaques dirigées de nos jours contre les études classiques on doit distinguer deux choses : la demande que l'on supprime le grec et le latin dans l'enseignement des collèges, et la demande que les éléments des sciences physiques et naturelles remplacent l'étude des langues. Il est possible que l'on puisse obtenir par l'étude des langues vivantes quelques uns des avantages (non pas tous) des études classiques ; mais désigner les études littéraires comme n'étant que des études de mots, c'est oublier que les études littéraires mettent en présence d'une chose qui, bien qu'elle ne puisse pas se voir et se toucher, se placer dans une cornue, ou sous les vitrines d'un musée, n'en est pas moins la première, la plus haute des réalités, celle en l'absence de laquelle toutes les autres nous demeureraient inconnues. Cette chose que certains naturalistes traitent avec un mépris qui ne fait pas honneur à leur intelligence, c'est l'esprit humain dont la parole est la manifestation.

81. *L'établissement d'une langue internationale est l'une des nécessités du temps actuel.*

Il se présente aujourd'hui une difficulté sérieuse

en matière d'éducation : l'encombrement des programmes d'études. Des plaintes sur le surmenage intellectuel qui altère la santé des enfants se font entendre dans tous les pays et deviennent tous les jours plus vives. Ce n'est pas seulement la santé des jeunes générations qui est en souffrance. On peut dire, dans une affirmation qui n'a de paradoxal que l'apparence : plus les élèves apprennent de choses et moins ils en savent. La multiplicité des études fait qu'aucune d'elles ne jette dans la pensée des racines assez profondes pour s'y maintenir. La nécessité d'user surtout de la mémoire pour recevoir un enseignement trop étendu opprime la spontanéité des intelligences.

L'encombrement des programmes d'études a deux causes principales : l'introduction à haute dose dans les études primaires et secondaires des éléments des sciences dites positives, et la multiplicité croissante du nombre des langues dont les rapports toujours plus faciles entre les nations rendent la connaissance désirable. Il y a deux manières de remédier à ce fâcheux état de choses. La première serait d'effacer des programmes de l'enseignement élémentaire des études inutiles pour le plus grand nombre des élèves, et dont ceux qui en auront besoin pourront facilement acquérir la connaissance plus tard. Une seconde réforme plus importante encore concerne l'enseignement des langues. Le nombre des enfants qui en apprennent deux devient tous les jours plus grand. Une convention internationale pourrait établir que la seconde langue enseignée dans les écoles publiques de tous les États serait la même. Cette mesure n'a rien qui dépasse les forces humaines, et ses résultats seraient considérables. Lorsque, chaque peuple conservant sa langue nationale, une seconde langue serait adoptée dans tous les pays de l'Europe, et, avec le temps, dans tous les pays du globe, il en résulterait pour les commerçants et les voyageurs des avantages pratiques tellement manifestes qu'il est superflu de les indiquer. Le monde savant retrouverait l'unité qu'il possédait au moyen âge par l'emploi général du latin, tandis que, de nos jours, il est presque impossible à un homme livré à une étude quelconque de lire dans les originaux les écrits publiés dans tous les pays sur le sujet dont il s'occupe. Tout ne se traduit pas, et l'on sait que les traductions laissent souvent beaucoup à désirer. Pour en revenir à mon objet direct, la langue maternelle formant le premier moyen de développement des enfants, la langue internationale viendrait ensuite. Ces deux langues suffisant à tous les usages pratiques, l'immense majorité des enfants n'aurait pas d'intérêt à en apprendre d'autres. Les jeunes gens voués aux études littéraires continueraient à vouloir lire Dante en italien, Shakespeare en anglais, Gœthe en allemand, et les écrivains de l'antiquité dans leur propre idiome, mais ce seraient là des cas exceptionnels et l'enseignement commun se trouvant désencombré, l'étude sérieuse de la parole pourrait y prendre toute son importance, et développer l'esprit de généralité qui est le caractère propre de la philosophie, et qui doit être celui d'une éducation bien conduite.

Lorsqu'on aurait admis l'idée de la langue internationale, la question à résoudre serait celle du choix de cette langue. Faut-il en créer une comme tentent de le faire les partisans du Volapuk ? Faut-il adopter une de celles qui existent ou ont existé ? Le choix devrait-il se fixer sur le grec, comme l'a proposé M. Gustave d'Eichthal [1] ? Je me borne à poser des questions dont l'étude me conduirait trop loin de l'objet de mon travail. Il me suffit d'affirmer, avec une conviction entière, que si le maintien des langues nationales a, par opposition à l'idée d'une langue universelle unique, des raisons d'être très sérieuses, l'établissement d'un moyen de communication entre tous les peuples a des raisons d'être non moins sérieuses. C'est un besoin de la civilisation moderne qui devient tous les jours plus urgent.

82. *La philosophie n'est pas l'addition des sciences particulières.*

L'addition des sciences particulières est une Encyclopédie. Si une Encyclopédie était rédigée par une réunion d'auteurs ayant des vues divergentes et des principes opposés, ce serait si peu une philosophie que ce serait le contraire de la philosophie. Le véritable esprit scientifique diffère de la simple curiosité de la pensée qui se porte sur

---

[1] Voir entre autres publications de cet auteur ses lettres insérées dans l'*Annuaire de l'association pour l'encouragement des études grecques en France*, 5me année, 1871, pages 120 à 136.

toutes choses et entasse des matériaux sans ordre et sans liaison. Platon fait remarquer qu'un homme peut montrer du goût pour toutes sortes de sciences, s'y appliquer avec ardeur, être insatiable d'apprendre, sans mériter pour cela le titre de philosophe [1]. La philosophie, en effet, qui est générale quant à sa matière (c'est le premier de ses caractères spécifiques), a un second caractère non moins essentiel. Son étude peut se porter sur tout ; mais elle étudie toutes choses sous un point de vue particulier. La prétention de connaître les diverses sciences dans leur totalité, serait une prétention insensée, même de la part des esprits les mieux doués ; ce qui rend la philosophie possible, c'est que sa matière étant générale, elle a un objet spécial qui détermine et limite ses investigations.

[1] *La République,* Livre V, page 309 de la traduction Cousin.

L'OBJET DE LA PHILOSOPHIE

83. *La philosophie est la recherche d'un principe qui, dans son unité, rende raison de la totalité de l'expérience.*

Pourquoi, chez les anciens Grecs, un certain nombre d'hommes sont-ils mis à part par tous les historiens comme formant, dans la classe générale des sages et des savants, l'espèce particulière des philosophes ? Qu'est-ce qui caractérise et spécifie l'œuvre de Thalès, d'Anaximène, d'Héraclite, de Pythagore ? C'est que tous ont voulu déterminer le principe de l'univers. C'est la recherche de l'unité qui mettait les penseurs de la Grèce en lutte contre les cultes nationaux, et qui a contribué, pour sa part, à la mort de Socrate, le plus illustre des martyrs de la philosophie. Platon et Aristote, sous l'empire du besoin d'unité, luttent contre le dualisme dont ils ne parviennent pas à se défaire entièrement.

Les travaux des modernes désignés par un consentement unanime comme les chefs de la philosophie présentent le même caractère que ceux des philosophes de l'antiquité. Descartes, Hobbes, Leibniz, Schelling, Hegel sont engagés dans des voies très diverses et soutiennent des doctrines différentes ; mais tous ont cherché à déterminer le principe universel. Dans le monde ancien où la croyance populaire était polythéiste, la philosophie se trouvait, par sa propre nature, dans une position hostile à l'égard de la religion ; dans le monde moderne, où les croyances générales sont monothéistes, l'accord de la philosophie et de la religion est possible.

La recherche d'un principe d'unité est donc historiquement, soit dans l'antiquité soit dans les temps modernes, le second des caractères spécifiques de la philosophie. La tendance propre de cette science est désignée, de nos jours, par un néologisme heureux : le *monisme,* c'est-à-dire la doctrine de l'unité. Il ne faut pas, comme on l'a fait quelquefois, concéder l'usage exclusif de ce terme à l'école matérialiste qui veut tout faire procéder d'une unité sensible et corporelle. Tout monisme est une philosophie, et tout système de philosophie est un monisme ; la question est seulement de savoir comment on conçoit le principe de l'unité.

La philosophie dans sa généralité recherche et n'enseigne pas. On fait un grand abus de cette formule : « la science enseigne ». La formule ne peut s'appliquer légitimement qu'aux vérités rationnelles démontrées, aux lois qui sont l'expression directe des faits, et aux théories explicatives qui ont passé par les degrés divers de la probabilité pour atteindre la certitude (64) ; mais il arrive souvent qu'en disant : « la science enseigne », on attribue les caractères de la certitude à des hypothèses qui sont loin d'être vérifiées. Ce qui est vrai de la science en général est très spécialement vrai de la philosophie. Les philosophes ont sur toutes choses des opinions diverses et bien souvent contradictoires. On peut donc dire ce que la philosophie cherche ; on peut dire ce qu'affirme telle école, mais on ne peut pas dire ce que la philosophie enseigne.

84. *La philosophie est l'étude du problème universel.*

Cette affirmation n'est qu'une autre forme de la thèse précédente. Le mot *univers* exprime la totalité des choses ; et sa signification étymologique est « ce qui est tourné vers l'un ». Univers veut donc dire la totalité des existences considérée dans son rapport avec un principe d'unité. Ce mot, à lui seul, résume et rappelle les deux caractères spécifiques de la philosophie : la généralité de sa matière et la spécialité de son objet.

Bacon a bien vu le caractère général de la matière de la philosophie, c'est pourquoi il a placé au début de son œuvre, comme étant la base de tout le travail de la pensée, une classification générale des sciences. Descartes a parfaitement déterminé l'objet de la philosophie. Il s'élève à la considération d'un principe premier, et, à partir de ce principe, cherche à rendre raison de l'ensemble des faits. Il a commis d'assez graves erreurs produites principalement par une fausse conception de la méthode ; mais le programme qu'il a tracé d'une main ferme est, et restera toujours, dans ses traits généraux, le programme de la philosophie. Leibniz a déterminé la nature de l'unité que doit chercher la pensée lorsqu'elle s'attache, non pas au premier principe considéré en lui-même, mais à l'ensemble des données de l'expérience ; c'est une unité d'harmonie et non pas une identité. Cette réflexion profonde devait couper le fil qui rattachait le système de Spinoza aux théories de Descartes.

Bien que les différentes définitions de la philosophie soient diverses et paraissent quelquefois opposées, il ne serait pas impossible de montrer qu'elles renferment presque toujours l'idée de la généralité et celle d'une tendance à l'unité, en sorte qu'on peut le plus souvent les ramener, sinon dans leur forme, au moins dans leur fond et leur essence, à celle que nous avons donnée. Pour cela il faut naturellement éloigner les définitions de la philosophie qui en sont en réalité la négation, comme celles de l'école de Reid et des positivistes [1].

Les emplois divers du mot philosophie et de l'adjectif philosophique peuvent servir à confirmer notre définition. On appelle esprit philosophique la disposition à s'élever à des idées générales, à saisir les rapports des choses, par opposition à la tendance d'une pensée qui s'arrête aux détails et con-

---

[1] Pour les définitions de la philosophie, on peut consulter spécialement : *Histoire de la philosophie. Les problèmes et les Ecoles* par Paul Janet et Gabriel Séailles, Paris, Charles Delagrave, 1887 pages 1 à 23.

sidère les êtres dans leur isolement. Qu'est-ce que la philosophie d'une science ? de la chimie, de la physique, de la botanique? la partie de ces sciences qui est la plus générale et qui, par le fait de cette généralité, manifeste une tendance à l'unité. Quelles sont enfin les sciences particulières qui méritent le titre de sciences philosophiques ? Ce sont la logique, la psychologie et la morale. La logique, étudiant les lois de la pensée, a une application universelle comme l'intelligence dont elle exprime les fonctions. La psychologie a un objet spécial : l'esprit ; mais l'esprit qui, à le considérer en lui-même, est un objet particulier, est d'autre part le sujet de toute connaissance. La morale enfin, entendue dans son sens le plus élevé, se rattache au principe universel par un lien que nous indiquerons bientôt (92). La logique, la psychologie et la morale, ont donc, avec l'étude du problème universel, des rapports plus étroits que la botanique ou la minéralogie par exemple. L'adjectif *philosophique* peut donc leur être convenablement appliqué. Ce sont toutefois des études particulières qui ont un objet déterminé aussi bien que la physique et la biologie.

Les sciences se caractérisent et se distinguent par la diversité des buts poursuivis; nous savons maintenant quel est le caractère propre de la philosophie. Tandis que les autres sciences se posent chacune un problème spécial qui naît de la considération d'une classe particulière de phénomènes, la philosophie pose le problème universel. Se plaçant en face de l'ensemble des phénomènes du monde considéré comme un Tout, elle lui applique les questions de la science, et cherche à en déterminer la substance, la loi, la cause, et le but.

85. *Un système de philosophie est un essai d'explication de l'univers.*

La philosophie est une étude qui, comme c'est le cas pour toutes les études, peut aboutir à l'un ou l'autre de ces trois résultats : l'affirmation, la négation, le doute. J'appelle *philosophie* une recherche relative au principe de l'univers quel qu'en soit le résultat. Un *système de philosophie* est le résultat d'une recherche dont le but est d'arriver à une détermination du premier principe, et qui par conséquent en suppose l'existence. Il existe une différence notable entre une recherche qui porte sur l'existence d'un premier principe, et qui peut aboutir au doute ou à la négation, et une recherche qui porte sur la détermination de ce premier principe dont on admet l'existence. En donnant aux mots la signification qui vient d'être indiquée on dira : le système d'Epicure et la philosophie (non le système) de Carnéade ; on dira le système de Descartes et la philosophie (non le système) de Bayle ; on dira le système de Hegel et la philosophie de Kant. Il y a là sans doute une question de mot ; mais sous cette question de mot se trouve l'indication de deux voies divergentes de la pensée. Dans l'une on cherche à déterminer l'objet d'une affirmation qu'on accepte, dans l'autre on déclare cette affirmation fausse ou douteuse.

86. *La constitution des sciences particulières ne détruit pas l'objet de la philosophie.*

Au début des recherches scientifiques de l'esprit humain, on rencontre des synthèses prématurées et grandioses qui tendent à faire de toutes les sciences une science unique. Pour Thalès c'est l'eau, ou l'élément humide, qui est l'origine de toutes choses. Dans la pensée d'Anaximène c'est l'air qui devient le principe universel; pour Héraclite c'est le feu; pour Pythagore c'est le nombre. Ces penseurs des jours anciens n'éprouvent pas le besoin de faire précéder la synthèse par une analyse suffisante ; c'est à partir d'une conception du principe des choses, résultat d'une induction précipitée, qu'ils expliquent la nature et l'humanité. Leur psychologie est *a priori* comme leur physique. Pour Anaximène l'âme est un air subtil; pour Pythagore elle est un nombre qui se meut. La nécessité de l'observation et de la distinction des choses s'étant peu à peu manifestée, les sciences particulières se sont séparées des synthèses primitives, pour reposer chacune sur leur base propre par l'observation d'une classe déterminée d'idées ou de faits. Les mathématiques ont constitué la première science véritablement distincte; puis, en avançant dans le cours des siècles, on voit l'astronomie, la botanique, la zoologie, la physique, la chimie réclamer leur indépendance à l'égard des conceptions *a priori,* et prendre leur point d'appui dans l'observation d'une classe spéciale de phénomènes. Les sciences qui n'ont pas été constituées séparément sont restées sous la rubrique de la philosophie qui contenait tout dans les synthèses primitives, et elles ont continué à être traitées trop *a priori*. De nos jours, nous voyons la morale faire effort pour se poser sur une base spéciale, et pour se constituer ainsi à titre de science particulière. C'est à quoi visent les partisans de la doctrine qui a pris le nom de morale indépendante [1]. La vérité importante à laquelle ils apportent leur appui est l'affirmation de la réalité du fait spécial de l'obligation morale, ce fait que les travaux de Kant ont mis en vive lumière. L'erreur des hommes de cette école, erreur qui ne peut que stériliser leurs efforts, est de ne pas comprendre que s'il est un fait primitif de la nature humaine qui s'exprime par la conscience morale, la conscience dans son développement entre nécessairement en rapport avec les lois de la raison et les données de l'expérience. Tout ce que l'on peut conclure du fait seul de l'obligation, c'est qu'il existe un devoir; mais dès qu'il s'agit de déterminer quel est ce devoir, la conscience sort de son isolement. La morale ne peut donc pas être indépendante des croyances et des idées, dans le sens où cette indépendance serait conçue comme un isolement.

La psychologie *a priori* des philosophes de l'antiquité a fait place, dans les temps modernes, à une science expérimentale à laquelle les progrès de la physiologie apportent un précieux appui. Elle se dé-

---

[1] Voir une étude critique de la morale indépendante dans la *Bibliothèque universelle* de décembre 1866.

tachera comme l'une des branches maîtresses de l'anthropologie, dans la mesure où l'anthropologie se délivrera de l'*a priori* matérialiste qui s'insinue très ouvertement dans les travaux de quelques écoles contemporaines.

La logique formelle, ou la théorie des lois de l'intelligence, a été constituée à titre de science spéciale, depuis des siècles, par les travaux d'Aristote. Il reste à accomplir la même œuvre pour la métaphysique, c'est-à-dire pour l'étude des données *a priori* de la raison, qui se distinguent par leur contenu des lois purement formelles de la pensée. Cette étude est restée jusqu'ici trop habituellement confondue avec les théories relatives au principe de l'univers. Elle doit s'en séparer pour s'établir, comme la logique, sur la base de l'observation rationnelle, et pour devenir ainsi une science vraiment expérimentale dans ses bases.

En considérant cette formation progressive des sciences particulières à partir des synthèses prématurées qui caractérisent les premiers efforts de l'esprit humain, on peut arriver facilement à la pensée que la philosophie n'est autre chose que l'esprit de recherche dans sa généralité, que cet esprit de recherche se satisfait par la formation des sciences spéciales, en sorte que la philosophie n'ayant point d'objet propre ne saurait être une science distincte. Elle n'aurait plus de raison d'être lorsque toutes les études particulières seraient constituées. C'est l'opinion clairement exprimée par Claude Bernard dans son *Introduction à la méde-*

cine expérimentale[1]. C'est là une erreur. La philosophie n'a pas de matière spéciale puisqu'elle est l'étude du problème universel ; mais elle a un objet parfaitement déterminé et qui lui maintiendra toujours le caractère d'une science distincte. Ceci peut être mis en évidence par deux comparaisons qui ont la valeur de raisons. Lorsqu'un sauvage construit sa hutte, il n'y a pas de distinction entre l'architecte, le maçon et le charpentier ; c'est la synthèse primitive de tout ce qui est nécessaire pour la construction d'un domicile. Vient la division du travail. Dans la construction d'une maison moderne, le manœuvre, le maçon, le charpentier, le serrurier, le vitrier, etc., chacun a sa tâche. Est-ce qu'une construction résulte simplement de l'addition de ces travaux divers ? Nullement ; il faut que ces travaux soient coordonnés. La division du travail ne saurait supprimer la nécessité du plan de l'ouvrage ; d'où il résulte que, malgré la séparation des métiers, l'œuvre de l'architecte subsiste tout entière et conserve son objet parfaitement distinct.

Autre comparaison : La physiologie générale est l'étude de la vie. Cette science, essentiellement synthétique, réclame, pour être solidement fondée, la division des recherches portant sur chaque organe, chaque tissu, chaque fonction. La physiologie générale n'a-t-elle plus d'objet, lorsque tous les éléments de l'organisme sont devenus la matière d'études particulières ? Nullement. Les études spé-

---

[1] Voir en particulier les pages 141, 387, 390.

ciales qui lui fournissent ses matériaux ne sauraient la remplacer. Au-dessus des recherches de détail se posera toujours la question de la vie qui réclame l'étude des rapports des éléments et de l'unité directrice qui relie les fonctions diverses en un tout harmonique. Il en est de même de la philosophie. Les sciences spéciales, en se constituant, lui fournissent ses matériaux et ne la remplacent pas. Au-dessus de toutes les études de détail, se placera toujours la question de l'harmonie des éléments de l'univers et du principe de cette harmonie. Croire que la constitution des sciences particulières puisse supprimer le problème est une manifeste erreur. Il reste à savoir si l'étude du problème universel est possible, puisque l'idée d'une science universelle, en tant qu'elle embrasserait tout ce que l'on peut savoir, dépasse visiblement les forces de l'esprit le plus puissant, du génie le plus vaste (66).

87. *La philosophie est possible parce que le résultat des sciences particulières se simplifie dans la mesure où ces sciences font des progrès.*

La recherche de l'unité qui, sous ses formes diverses, est le principe générateur de toutes les sciences (54) est amplement justifiée par ses résultats. De toutes les sciences explicatives, la mécanique céleste est la plus avancée. L'explication du mouvement des astres était fort compliquée à l'époque de Kopernik. Depuis cette époque, par la découverte de cet homme de génie, par les travaux de Kepler et de Newton, les mouvements variés dont le ciel offre le spectacle ont été ramenés à des explications relativement très simples. On rend compte de tous les phénomènes par les masses, les distances, un principe primitif d'impulsion et la loi de la gravitation. L'ancienne physique admettait l'existence de divers fluides, de diverses vertus et propriétés de la matière. Une simplification immense a été introduite dans cette science par la théorie qui ramène au seul fait du mouvement toute la partie objective des phénomènes. On obtiendrait un résultat de même nature, en histoire naturelle, lorsqu'on aurait réussi à expliquer par un petit nombre de lois primitives toute la diversité des fonctions des êtres vivants.

Il est donc certain que, lorsqu'une science fait des progrès, elle accumule un nombre toujours plus considérable de faits; mais il n'est pas moins certain qu'elle se simplifie, c'est-à-dire qu'elle réduit le nombre de ses principes d'explication. On peut comparer chaque science à la section d'une pyramide qui croîtrait simultanément dans le sens de sa base et dans la direction de son sommet. Plus l'observation devient attentive et fréquente, plus le nombre des faits s'accroît; c'est la section de la pyramide qui croît du côté de sa base. Plus la science fait de progrès, plus ses moyens d'explication deviennent simples; c'est la section de la pyramide qui croît dans la direction du sommet. Or la philosophie, en tant que science générale, part des sections de pyramides les plus voisines du sommet. Chaque science particulière rend compte de la multitude des phénomènes dont elle s'occupe à partir d'un nombre restreint de principes d'explication ; la philosophie cherche simplement à rendre raison de ces principes. C'est pourquoi elle est profondément distincte de l'idée du savoir universel dans le sens de la connaissance totale des phénomènes, idée qui serait, même pour un savant de premier ordre, la plus folle des prétentions.

Il semble seulement résulter de ces considérations que la philosophie devrait attendre pour entreprendre sa tâche que les sciences particulières eussent terminé la leur, ce qui serait un ajournement indéfini. L'affirmation suivante lève cette difficulté.

88. *La philosophie se développe parallèlement aux sciences particulières, parce qu'il existe des objets d'expérience universelle.*

Au fond de toute expérience, et comme sa condition, se trouve l'expérience constante de la vie de l'esprit qui est le sujet de toute connaissance possible. La connaissance que l'esprit a de lui-même suppose indivisiblement la connaissance du corps. En effet, il n'existe pas de conscience de l'esprit à l'état pur et indépendamment du sentiment de l'organisme, sentiment qui est présent dans tous les phénomènes psychiques, et dont la réflexion manifeste l'existence.

L'idée fondamentale de l'esprit et celle du corps, qui sont les objets d'une expérience constante et universelle, s'élucident par une observation directe. La philosophie, en cherchant à discerner les éléments de l'univers, provoque cette observation, et sert ainsi les sciences particulières. Au-dessous de tous les phénomènes observés par les physiciens et les chimistes se trouve le fait du mouvement, dans lequel la science cherche de plus en plus l'explication des faits de différents ordres qui constituent la vie de la nature. Le mouvement peut être l'objet d'une étude directe indépendante de celle de la variété de ses manifestations ; et cette étude, qui n'appartient à aucune science particulière, rentre par son caractère de généralité dans le domaine de la philosophie. Il est historiquement incontestable que des vues philosophiques relatives à la nature des phénomènes matériels sont à la base de la physique moderne telle qu'elle a été constituée il y a deux siècles [1]. L'affirmation que toute la partie objective des phénomènes se réduit à la forme et aux mouvements des corps (c'est bien là le fondement de la physique moderne), a été dans l'origine une conception philosophique que l'expérience a confirmée, sans pouvoir la produire. La psychologie expérimentale s'égare presque infailliblement si, se bornant à l'étude des phénomènes qu'elle enregistre, elle perd de vue l'action initiale qui est le caractère propre de l'esprit. Or cette action initiale est l'objet d'une observation permanente et directe, un élément d'expérience universelle dont la philosophie

---

[1] Voir la *Physique moderne*, un volume in-8°, Paris, Germer Baillière, 1883.

doit maintenir les droits. La réflexion portée sur la nature des corps et sur celle des esprits n'a pas besoin d'attendre la fin des travaux des physiciens et des psychologues, fin qui, du reste, n'arrivera jamais. La science générale et les sciences particulières se développent donc parallèlement et se prêtent un mutuel appui.

89. *La philosophie est le prolongement naturel des recherches des sciences particulières.*
La tendance à l'unité se manifeste partiellement dans chacune des sciences particulières (54), et les sciences, considérées d'une manière générale, ont pour postulat la réalité de l'ordre universel manifesté par l'harmonie qui maintient un principe d'unité dans la multiplicité des êtres (74). Plus les sciences particulières font de progrès et plus les rapports qui les relient entre elles se manifestent. La physique et la chimie ont des rapports tous les jours plus étroits ; il en est de même de la physique et de la physiologie, de la physiologie et de la psychologie. Mais aucune science particulière ne peut atteindre une unité primitive, par cela même qu'elle est une science particulière. L'unité qui se rencontre dans le monde de l'expérience ne peut être qu'une unité d'harmonie, et l'harmonie suppose la diversité des êtres entre lesquels existent les rapports que l'on considère. La philosophie prolonge les lignes selon lesquelles se développent les sciences dans leur recherche de la simplicité des lois et des causes. Elle aspire à la découverte d'un principe réel d'unité

qui fournisse l'explication de l'harmonie des choses qui est le rayonnement de l'unité, sans être l'unité proprement dite ou l'identité. Les rapports toujours plus nombreux des sciences entre elles montrent que les lignes selon lesquelles elles se développent sont convergentes ; la philosophie entreprend de rendre raison de cette convergence. Cette tentative est la manifestation de l'esprit scientifique à sa plus haute puissance. On peut donc dire que la philosophie est l'esprit de la science prenant conscience de lui-même et affirmant ce qu'il suppose. S'il en est ainsi, d'où vient l'opposition si souvent proclamée entre les sciences et la philosophie ?

90. *L'opposition entre les sciences particulières et la philosophie résulte de la confusion entre les principes de construction a priori et les principes directeurs de la pensée.*

Il est des principes *substantiels* à l'aide desquels on croit pouvoir construire un système sans une base d'observation, et des principes simplement *formels* qui dirigent les recherches sans permettre aucune construction *a priori*. C'est parce qu'on a confondu ces deux classes très distinctes de principes qu'on a opposé les sciences et la philosophie. Il importe donc de les distinguer, et d'élucider cette distinction par des exemples.

Voici des raisonnements qui ont figuré dans la science. « Les astres se meuvent selon des lignes parfaites ; le cercle est la plus parfaite des figures ; donc les orbites des astres sont circulaires. — Le soleil est parfait ; donc il ne doit pas avoir de taches, et ceux qui ont cru voir des taches au soleil se sont trompés. — La nature a horreur du vide ; par conséquent l'eau d'une pompe montera indéfiniment pour que le vide ne se produise pas. » — Il est cependant établi par la science expérimentale que les orbites des planètes ne sont pas des cercles, que le soleil a des taches, et que l'eau d'une pompe ne peut pas s'élever au-dessus de trente-deux pieds. Les erreurs qui viennent d'être signalées naissent de l'admission de principes substantiels dont on croyait pouvoir déduire des conséquences, et ces conséquences se trouvant contraires aux faits ; il en est résulté naturellement une vive opposition contre le procédé scientifique qui avait donné de tels résultats.

Voici maintenant des exemples de principes simplement formels qui dirigent la pensée dans ses recherches, mais sans fournir directement aucune conséquence : « Les lois primitives de la nature sont simples ; donc, en demeurant pleinement soumis au contrôle de l'expérience, il faut préférer les hypothèses explicatives les plus simples. » — Tel a été le principe directeur de l'hypothèse de Kopernik qui offrait une explication des phénomènes célestes beaucoup plus simple que l'ancienne astronomie. Telle a été l'origine de l'effort de Newton pour réduire les trois lois de Kepler à une seule, des travaux de Laplace pour établir la stabilité relative du système du monde, des travaux par lesquels Fresnel a rétabli la vraie théorie de la nature de la lumière. La recherche de la simplicité dirige la pensée, intervient dans le choix des hypothèses, mais ne permet pas d'établir directement aucune loi ; c'est un principe simplement formel. Si l'on renonçait à la recherche du simple, du général, de l'un, la marche de la science serait arrêtée ; mais il ne faut jamais oublier que si le vrai est simple, le simple est loin d'être toujours vrai.

Voici encore un principe directeur d'une très grande importance. « Nos conceptions claires et distinctes sont vraies. » L'erreur est toujours possible dans nos idées composées et complexes ; mais si les conceptions primitives qui sont la base de tout le travail de la pensée pouvaient nous induire en erreur, l'erreur serait irrémédiable. Il est manifeste qu'aucun effort de l'intelligence ne pourrait remédier à une source d'égarement qui aurait son siège à la racine de l'intelligence. St Thomas enseignait que les premiers principes et leurs conséquences logiquement déduites ne peuvent pas nous tromper [1] ; c'est là la condition absolue d'une science possible. En partant de cette idée, Descartes a raisonné ainsi : Si la science de la nature est possible, il faut qu'elle repose sur des conceptions claires et distinctes. Or, nous ne pouvons concevoir dans les corps, abstraction faite des sensations qu'ils éveillent en nous, que la forme et le mouvement ; c'est donc dans la forme et le mouvement qu'il faut chercher l'explication des phénomènes matériels. Ainsi a été

---

[1] *Somme théologique*, partie I, question LXXXV, article 6.

posée la base de notre physique. Mais, de la pensée que toute la partie objective des phénomènes se réduit à des mouvements, il n'y a aucun passage légitime à la détermination *a priori* de tels mouvements déterminés. Dire : « cela se fait par figure et mouvement, et dire quels, et composer la machine » sont deux choses absolument distinctes, ainsi que l'a remarqué Pascal[1]. Descartes a confondu ces deux choses qu'il importe de distinguer. Non content d'avoir indiqué le vrai principe directeur des recherches, il a voulu faire un système *a priori* en méconnaissant la nécessité du contrôle expérimental des théories. De là de nombreuses erreurs qui se sont mêlées dans la physique Cartésienne à de grandes vérités. La même confusion a été faite par les adversaires du Cartésianisme, et les a conduits à rejeter ensemble les erreurs et les vérités contenues dans la doctrine qu'ils attaquaient. On a dit : La science n'a fait de véritables progrès que depuis qu'elle a renoncé à la méthode de construction *a priori*. Cela est vrai. On a ajouté : Il faut donc renoncer à tout principe directeur dans le choix des théories, et se mettre en présence des faits sans idées préconçues d'aucune sorte. Cela est faux, comme le démontre toute l'histoire des découvertes scientifiques.

Il existe une harmonie réelle et féconde entre les sciences particulières qui cherchent l'explication d'un ordre déterminé de faits, et la science générale

---

[1] *Pensées diverses*, Descartes, Edition Faugère, tome I, p. 181.

qui dégage les principes des sciences particulières, les étudie, les exprime, et rend ainsi leur action plus efficace. L'opposition si souvent formulée entre la science et la philosophie vient de ce que l'on confond la philosophie avec la méthode de construction *a priori*. Cette confusion n'est légitime que lorsqu'il s'agit du rationalisme (44); mais le rationalisme est *une* philosophie et n'est pas *la* philosophie. Nous verrons que, sous peine de s'égarer, la science générale doit suivre la même méthode que les sciences particulières (101). Si elle s'égare par la prétention de construire le monde au lieu de l'observer, elle ne tarde pas à recevoir le châtiment de son orgueilleuse témérité. Le rationalisme a trouvé son expression la plus complète dans la théorie de Hegel. Les matérialistes allemands rient et sifflent aujourd'hui sur les débris de cette construction grandiose et fragile.

91. *La séparation des sciences et de la philosophie est de date récente et tend à disparaître.*

La distinction des sciences et de la philosophie n'existait pas dans l'antiquité. Au contraire, la réunion et, dans une certaine mesure, la confusion de toutes les recherches, est l'un des caractères saillants de la pensée grecque à son origine. Tous les savants ne sont pas des philosophes (83) mais tous les philosophes cultivent des sciences spéciales. Thalès est géomètre et physicien; Pythagore est mathématicien et astronome; Aristote est un naturaliste de premier ordre; Platon, dans le Timée, ébauche une explication mécanique des phénomènes de la nature. Dans les temps modernes, l'alliance de la philosophie et des sciences n'est pas moins étroite, au XVIIme siècle, que dans la période de la philosophie grecque. Descartes fonde la géométrie analytique, fait d'importants travaux d'optique, et jette les bases de la vraie physique. Leibniz invente, en même temps que Newton, le calcul infinitésimal, découvre quelques-unes des lois de la mécanique et, ce qui est moins généralement connu, devance les travaux des géologues modernes, et entrevoit la théorie contemporaine du transformisme. En parlant des débris fossiles d'espèces disparues, il écrit : « N'est-il pas présumable que, dans les « grands changements que le globe a subis, un « grand nombre de formes animales ont été trans- « formées[1] ? » La séparation de la philosophie et des sciences, puis leur opposition, née de la réaction contre la méthode *a priori,* bien qu'elles se rattachent à l'influence de Bacon, ne s'accentuent que dans la seconde moitié du XVIIIme siècle. Il faut remarquer cependant que Kant se livre encore à des études spéciales d'astronomie et formule, en 1755, l'hypothèse de la nébuleuse primitive que Laplace formula de son côté et sans doute spontanément, (il est invraisemblable qu'il ait connu le travail de Kant) en 1796.

La séparation des sciences particulières et de la science générale a eu pour effet de rendre la philo-

---

[1] *Protogée ou de la formation et des révolutions du globe.* § XXVI.

sophie trop abstraite et synthétique en Allemagne, trop spécialement historique et littéraire en France, et de rendre les sciences particulières trop exclusivement analytiques. Les observations de détail et les généralisations partielles se sont multipliées ; et c'était une des conditions du progrès des études ; mais le sentiment de l'unité a trop perdu de sa puissance. Les grandes théories conçues au XVIIme siècle, et que le XIXme devait reproduire, ont été momentanément obscurcies [1]. On a multiplié les fluides en physique, multiplié les espèces en histoire naturelle. De nos jours, l'instinct qui pousse la raison à la recherche de l'unité reparaît dans toute sa force. Il se montre dans les théories des physiciens et des naturalistes et rétablit les rapports de la philosophie et des sciences. L'apparition du terme de *monisme* dans les travaux d'hommes spécialement voués à l'étude de la nature met le fait en évidence. Cette influence de l'esprit philosophique sur la science est souvent inconsciente, parfois jusqu'à la naïveté. Des penseurs inattentifs autant que téméraires prennent des synthèses hardies et prématurées pour des inductions expérimentales. Il suffit, pour constater la réalité du phénomène, d'observer le passage des thèses du transformisme biologique aux affirmations de la doctrine de l'évolution considérée comme une explication générale de l'univers, et de prendre connaissance des affirmations hautaines du matérialisme contemporain. Le matéria-

---

[1] Voir la *Physique moderne*, pages 115 à 123.

lisme est une mauvaise philosophie, mais c'est une philosophie, qui s'allie étroitement, dans l'esprit d'un grand nombre de nos contemporains, à la culture des sciences.

La recherche de l'unité et les synthèses qui en sont le produit mettent en lumière l'alliance qui se reforme entre les études spéciales et l'étude du problème universel. Après une période où la philosophie devait rappeler les droits de la synthèse en est venue une autre, et nous y sommes, où elle doit rappeler les droits de l'analyse aux auteurs de synthèses prématurées, et ne pas laisser mettre à l'écart tout un ordre de réalités (105). L'esprit humain tombe facilement d'un extrême dans l'autre. Il est nécessaire, tantôt de couper les liens par lesquels on tente de retenir l'élan de la pensée, tantôt de modérer l'élan trop vif de la pensée par le plomb de l'expérience. Une philosophie fidèle à sa mission remplit alternativement ces deux fonctions. Aux esprits perdus dans l'étude exclusive des détails, elle rappelle l'unité que cherche la raison; à la recherche trop hâtive de l'unité, elle oppose la généralité de sa matière qui est la base de toute théorie solide de l'univers.

92. *La question pratique de la sagesse se rattache à la question théorique du principe de l'univers.*

Dès qu'un homme arrive à ce qu'on appelle l'âge de raison, dès qu'il commence à réfléchir, sa conduite cesse d'être déterminée uniquement par les impulsions variables de la sensibilité. L'enfant va d'abord comme son cœur le mène ; tous ses actes, pareils à ceux d'un petit animal, sont le produit de son tempérament et de l'influence des sensations. L'homme, dans la mesure où il se dégage de l'enfance, aspire à prendre la direction de sa conduite et se demande : que dois-je faire ? La question a des sens divers et peut recevoir par conséquent des réponses différentes. S'agit-il d'un but pratique déterminé ? la question est : Que faut-il faire pour obtenir un certain résultat ? La réponse est fournie par les sciences particulières qui dirigent alors les actions humaines. S'agit-il de l'acquisition de ce que nous appelons le bonheur, considéré comme une somme de jouissances ? la question se traduit, comme dans le cas précédent, par la formule : Comment peut-on se procurer la plus grande somme de jouissances ? On peut recourir, pour obtenir la réponse, à l'expérience de la vie. Les mots : que dois-je faire ? ont un autre sens quand il s'agit de l'ordre moral, ou de ce qu'on appelle, dans la langue de Kant, l'impératif catégorique. A la question : que dois-je faire ? posée dans ce sens, c'est la conscience morale qui répond. Il n'est point nécessaire de soulever ici la question de l'origine et de la valeur absolue de la conscience. Personne ne nie la distinction entre l'idée du devoir et celle de la jouissance. Les philosophes de l'école utilitaire s'efforcent bien de ramener la première de ces idées à la seconde ; mais la nécessité où ils se trouvent de tenter à cet égard des explications plus ou moins heureuses, démontre que l'état de fait dont on part est la distinction de deux idées qu'on ne peut identifier, à tort ou à droit, que par une série de transformations. Or cette distinction universellement acceptée suffit à mon objet présent.

La conscience morale ne se développe pas isolément, et ne se sépare pas de la raison. La raison tendant toujours au général et à l'universel, les ordres de la conscience revêtent les caractères d'une loi. En demandant : que dois-je faire ? je suppose que tout être semblable à moi, et placé dans des circonstances identiques, serait obligé, comme je le suis moi-même. Il en résulte que la question : que dois-je faire ? se transforme en cette autre question qui revêt un caractère de généralité : Qu'est-ce qui doit être fait ? Cette question suppose un pouvoir qui se considère comme légitimement subordonné à une loi, et qui cherche à déterminer ce qui doit être. L'homme est placé dans un ordre de choses qu'il doit connaître pour constater ce qu'il est appelé à réaliser pour sa part. Comment, disait Cicéron, « comment fixer son opinion avec sûreté sur le bien « et sur le mal, si l'on ignore les convenances qui « unissent l'homme au grand système du monde ? »[1] L'idée de ce qui doit être, entendue dans sa généralité, éveille donc l'idée d'un plan de l'univers; et la pensée d'un plan de l'univers ne peut pas être séparée de l'idée de son principe. Voilà donc une série de questions qui s'enchaînent : Que dois-je

---

[1] *De finibus bonorum et malorum.* Livre 3, § 22.

faire ? Qu'est-ce qui doit être fait ? quel est le plan de l'univers ? quel est le principe de l'univers ? Ce n'est pas à dire que les règles de la morale puissent être déduites légitimement d'une conception *a priori* de la nature des choses. Le fait moral est si peu soumis à une construction scientifique qu'il apparaît au premier rang dans les données qui forment la base et le contrôle d'une philosophie bien conduite. Mais la conscience, ne pouvant pas se développer isolément, subit nécessairement l'influence des doctrines vraies ou fausses, et les questions théoriques de la philosophie se présentent ainsi comme ayant une importance pratique.

Pythagore, dit-on (ce qui semble s'accorder assez mal avec la direction morale de ses institutions), aurait considéré les spectateurs comme supérieurs à ceux qui agissent, et fait de la philosophie une pure contemplation[1]. Mais Platon a accoutumé ses disciples à concevoir l'idée du bien comme l'idée suprême. Or il suffit d'envisager cette idée en face, de la dégager de l'influence de l'idéalisme, de bien reconnaître ce qu'elle renferme, pour constater que la plus haute des conceptions théoriques est en même temps la plus pratique des idées. Le bien, en effet, est par essence ce qui doit être. Cette idée, dans laquelle Platon cherche l'explication dernière des phénomènes du monde, s'offre en même temps comme la règle des actions des êtres libres. Le résultat dernier de la science est donc de placer la

---

[1] Tusculanes. Livre V, § 3.

volonté en présence d'un ordre universel réalisé dans la nature et que l'humanité est appelée à réaliser pour sa part. Le sens théorique et le sens pratique du mot philosophie se rejoignent ainsi. La distinction des deux significations du terme est réelle, mais leur harmonie est profonde. C'est ce qu'Alexandre Vinet a exprimé dans ces paroles :
« La philosophie est implicitement de la morale,
« et tout système sur l'univers est un système sur
« la vie[1]. »

93. *Un cours de philosophie a sa place naturelle à la fin des études.*

On enseigne les éléments des sciences philosophiques (psychologie, logique, morale), dans les gymnases et les lycées. Ces mêmes sciences sont, ou devraient être enseignées plus tard, avec les développements convenables, dans les Universités. C'est alors seulement qu'elles peuvent être bien comprises dans leur sens et leur portée. La psychologie, pour être scientifiquement exposée, réclame des notions assez étendues de physiologie. La logique, dont l'étude élémentaire a souvent un caractère bien aride, prend un haut intérêt lorsqu'on peut montrer ses applications dans les diverses sciences et dans les diverses manifestations de la vie humaine. Un traité des sophismes s'adressant à des auditeurs auxquels on peut faire discerner les confusions d'idées et les faux raisonnements qui se

---

[1] *Essais de philosophie et de morale religieuse*, page 4.

produisent souvent dans les théories scientifiques, dans les doctrines sociales, dans les discussions politiques, peut devenir un des éléments essentiels d'une saine éducation de l'intelligence. L'enseignement de la morale a une valeur proportionnée à l'expérience de la vie que possèdent ceux qui le reçoivent.

Les sciences philosophiques ne peuvent avoir tout leur développement et manifester toute leur utilité que dans les degrés supérieurs de l'étude ; cela est plus manifeste encore pour la philosophie proprement dite. En tant qu'elle appelle la réflexion sur les données de l'expérience universelle et sur les principes directeurs de la pensée, la philosophie peut être considérée comme une introduction à l'étude des sciences particulières ; mais, dans ses essais de théories, elle a le caractère d'une conclusion. Pour employer une image empruntée à l'architecture, elle forme, dans la construction du savoir humain, le couronnement de l'édifice, et tout couronnement a sa place au sommet. Les sciences particulières étant la base nécessaire de toute philosophie valable, il est évident que la philosophie suppose la connaissance de leurs résultats.

On peut tirer de là une conséquence pratique pour l'organisation des études. Nous avons dit l'importance de l'esprit de généralité par opposition à des directions de la pensée trop spéciales et par suite trop exclusives (78). Les études spéciales, qui sont absolument nécessaires, risquent d'enfermer l'esprit dans des horizons étroits, et de donner naissance à cette tendance systématique qui porte à tirer des conclusions générales de la vue d'un seul côté des choses. On a remarqué parfois que les élèves des écoles polytechniques apportaient d'importantes recrues au socialisme (entendu dans le mauvais sens du terme) parce que les études de mathématiques et de physique leur faisaient oublier que les esprits ne se prêtent pas, comme la matière inerte, à l'application des lois de la mécanique. Les étudiants en droit, le regard habituellement dirigé sur les prescriptions des codes, risquent de perdre de vue les principes du droit naturel, les exigences de l'équité, et d'oublier que la justice légale, souvent défectueuse, n'est pas toujours la justice véritable. Les théologiens, absorbés par l'étude des textes qui forment l'objet de leurs travaux et la base de leur enseignement, demeurent trop souvent étrangers au mouvement général de la pensée de leur époque, et n'ont pas une connaissance suffisante de l'état intellectuel et moral du milieu dans lequel ils sont placés, et sur lequel doit s'exercer leur action. Les étudiants en médecine, appliqués à l'étude des phénomènes physiologiques, risquent d'oublier les fonctions de l'ordre spirituel, et de perdre de vue l'ensemble des conditions de la vie humaine. L'inconvénient est manifeste, mais il existe un moyen de le prévenir. Il faudrait que la philosophie, ou tout au moins la revue de l'ensemble des sciences qui constitue sa matière, fît partie des examens pour les grades supérieurs de toutes les facultés. C'est cette revue générale des sciences, de leurs méthodes et de leurs résulats, dont

Ampère avait formé le plan, et dont il n'a pu malheureusement donner que les linéaments [1]. Le théologien, le juriste, les candidats au doctorat en sciences, en lettres, en médecine, tous devraient être appelés à fournir la preuve que leurs études spéciales ne les ont pas absorbés au point de leur faire perdre l'équilibre intellectuel. Comme préparation à ces examens, un cours de philosophie, ou pour le moins de classification des sciences, devrait être institué à l'usage des élèves de toutes les facultés. Ce ne sont pas, en effet, les maigres éléments des sciences philosophiques enseignés dans l'instruction secondaire qui peuvent suffire pour prévenir les dangers de la culture trop exclusive des études professionnelles.

[1] *Essais sur la philosophie des sciences*, 2 vol. in-8º, Paris, 1338 et 1843.

LA MÉTHODE DE LA PHILOSOPHIE

94. *La Philosophie doit avoir le caractère désintéressé de la science.*

La science, étant la recherche de la vérité, doit se tenir à l'abri des influences illégitimes qui peuvent résulter des intérêts. Les influences de cette nature, sous la réserve de l'amour propre des savants ou de leur désir de popularité, ne troublent pas les mathématiques, la physique ou les sciences du même ordre ; mais la philosophie se trouvant en rapport par sa nature avec la morale, la religion et les questions sociales, est dans des conditions différentes. Ne jamais sacrifier la recherche de la vérité à des intérêts personnels ou collectifs, c'est la loyauté de la pensée. Cette loyauté peut être altérée par des influences de deux espèces.

Un philosophe peut s'exposer à des inconvénients plus ou moins graves en émettant des idées contraires à celles de son entourage. On connaît la destinée de Socrate chez les Athéniens. Le juif Spinoza fut chassé de la synagogue à cause de ses doctrines ; les cartésiens ont été exposés en France, pendant assez longtemps, à une véritable persécution, et, pour prendre des exemples plus sinistres, Bruno et Vanini furent mis à mort pour avoir émis des théories philosophiques contraires aux doctrines régnantes. On comprend donc que, pour les hommes qui n'ont pas le goût du martyre, la crainte de l'opinion puisse entraîner une adhésion extérieure et verbale aux opinions traditionnelles généralement admises.

Le désir de se distinguer par la nouveauté et la hardiesse des pensées peut produire un effet contraire, et pousser à la publication de certaines idées, non parce qu'elles sont vraies, mais parce qu'elles ont de l'éclat, et sont de nature à frapper vivement l'attention. « C'est un air de capacité et de science « que de s'écarter des sentiments communs », dit Bossuet, et Rousseau écrit avec son exagération ordinaire : « Quand les philosophes seraient en
« état de découvrir la vérité, qui d'entre eux pren-
« drait intérêt à elle? Chacun sait bien que son sys-
« tème n'est pas mieux fondé que les autres, mais il
« le soutient parce qu'il est à lui. Il n'y en a pas
« un seul qui, venant à connaître le vrai ou le faux,
« ne préférât le mensonge qu'il a trouvé à la vérité
« découverte par un autre. Où est le philosophe qui
« pour sa gloire ne tromperait pas volontiers le
« genre humain? Où est celui qui, dans le secret de
« son cœur, se propose un autre objet que de se dis-
« tinguer? Pourvu qu'il s'élève au-dessus du vul-
« gaire, pourvu qu'il efface l'éclat de ses concur-
« rents, que demande-t-il de plus? L'essentiel est

« de penser autrement que les autres. Chez les
« croyants il est athée, chez les athées il serait
« croyant[1]. »

Les opinions politiques des individus sont bien souvent déterminées par le fait de leur position dans le monde, par les habitudes, par les intérêts de la classe à laquelle ils appartiennent. Cette même influence indue s'exerce aussi sur les idées philosophiques en tant qu'elles ont des rapports avec les affaires sociales.

95. *La philosophie ne doit pas être subordonnée à une cause politique.*

Certaines idées générales qui ont le caractère de la philosophie doivent diriger la politique des hommes de bonne volonté. Lorsqu'on peut exercer une action sur la société, si cette action est désintéressée comme elle doit l'être pour être vertueuse, elle doit avoir pour but la réalisation de ce qu'on estime le bien ; mais l'ordre légitime des choses est renversé si les idées, au lieu d'être le principe directeur de l'activité, sont mises au service des intérêts d'un parti auquel on appartient, non parce qu'on l'estime le bon, mais parce qu'on trouve son avantage à lui appartenir. Un parti politique est une réunion d'hommes qui aspirent à s'emparer du pouvoir. Pour quelques-uns le but est d'avoir le pouvoir en mains

---

[1] *Profession de foi du Vicaire Savoyard*, au commencement. — Dans un exemplaire de l'*Emile*, que j'ai eu sous les yeux, Voltaire a écrit, à côté de ce passage : « C'est le portrait du peintre. »

afin de réaliser certaines idées, ce sont les esprits nobles qui peuvent se rencontrer dans toutes les opinions mais qui s'y rencontrent en faible minorité. La masse d'un parti est presque toujours composée d'individus qui recherchent le pouvoir non pour réaliser des idées mais pour satisfaire des passions et des intérêts. Les idées sont alors de simples moyens, et, dans les états démocratiques, les programmes chargés de beaux principes ne sont souvent en réalité que des manœuvres électorales. On a dit bien souvent et très justement que mettre la religion au service de la politique est un fait déplorable. Quelque chose de semblable, dans de moindres proportions, s'est produit dans le domaine des opinions philosophiques. A l'époque des luttes qui ont amené la chute des Stuart, en Angleterre, Robert Filmer a rédigé à l'usage du parti des cavaliers une philosophie destinée à justifier l'existence des gouvernements absolus. L'écrivain pouvait être désintéressé et émettre sa théorie parce qu'il la jugeait vraie et bonne ; mais admettre que la plupart de ses adhérents n'ont pas été dirigés par des instincts scientifiques n'est probablement pas un jugement téméraire. Des philosophes français se sont montrés hostiles au monothéisme parce qu'ils sont républicains, et que le monothéisme risque de conduire à la pensée de la monarchie [1]. La question suprême de la philosophie se trouve ainsi résolue par des considérations étrangères à l'objet dont il s'agit. Hegel,

---

[1] Ravaisson. *La Philosophie en France au XIXe siècle*, p. 109.

dit-on, (je n'ai pas vérifié le fait) démontra philosophiquement qu'il doit y avoir dans l'État une caste militaire; c'était à l'époque où, en Allemagne, comme c'est encore le cas en Angleterre, les fonctions militaires étaient le métier spécial de certains individus. La loi ayant été changée, et tout le monde, d'après la loi nouvelle, devant être soldat, Hegel démontra de nouveau, par des arguments philosophiques, que l'universalité du service militaire était la déduction naturelle de la théorie de l'univers.

La disposition d'esprit qui porte à subordonner les principes généraux aux intérêts variables des partis est favorisée par le journalisme politique qui prend dans la société contemporaine une importance tous les jours plus considérable. Le but d'un journal politique est de favoriser un parti, et d'obtenir en faveur de ce parti certains résultats dans la législation et dans les actes administratifs. On appuie volontiers les demandes que l'on formule sur certains principes généraux. De même que l'hypocrisie est un hommage que le vice rend à la vertu, on peut dire que l'appel fait aux grands principes pour justifier telle ou telle action politique déterminée est bien souvent un hommage que les intérêts rendent à la raison. Employer les principes comme de simples moyens, en changer selon les occasions, et faire appel tantôt à une idée, tantôt à l'idée contraire, est une tentation assez forte. Je demandais, un jour, à un jeune journaliste qui avait la naïveté des commençants : « N'est-il pas vrai que, dans les bureaux de votre journal, vous avez une armoire où vous tenez les principes, et que vous sortez tantôt l'un, tantôt l'autre, selon les circonstances du moment ? » Il me répondit qu'il en était ainsi, et qu'il ne pouvait pas en être autrement.

96. *La philosophie ne doit pas être cultivée sous l'influence d'une préoccupation nationale.*

Le patriotisme est une vertu. Le sentiment national a son expression naturelle dans les arts, dans les lettres qui sont les manifestations d'une forme particulière de la vie humaine, et qui la maintiennent en l'exprimant. Ceux qui ne voient dans les recherches de la pensée spéculative qu'une sorte de poésie, peuvent donc admettre que les divers pays et les diverses races doivent avoir des doctrines qui font partie de leur physionomie intellectuelle et morale; mais il ne peut pas en être ainsi si l'on considère la philosophie comme une science. Les sciences n'ont pas de patrie. Il n'y a pas une géométrie française, une chimie allemande, une astronomie norvégienne. Si l'on admet le caractère scientifique de la philosophie on ne peut pas méconnaître la vérité de ces paroles de Mr. Wilm : « La philosophie est d'autant plus près de la vérité « qu'elle se dépouille davantage de tout caractère « temporaire et national[1].» Les diversités nationales de la pensée scientifique étaient nulles, ou à peu près nulles, au moyen-âge, par l'effet de l'unité de la langue savante (81). Lorsque tout l'enseignement,

---

[1] *Histoire de la Philosophie allemande.* Avant-propos, page VII.

soit oral, soit écrit, se donnait en latin, les étudiants et les professeurs passaient d'une université à une autre sans qu'aucun fait considérable leur donnât le sentiment qu'ils avaient changé de patrie intellectuelle. La division des langues, fait relativement récent dans le domaine de la science, a introduit dans ce domaine le sentiment de la nationalité. « L'Italie seule possède le vrai principe du savoir » écrit Gioberti dans le volume consacré à la glorification de sa patrie[1]. En ouvrant son cours à Heidelberg, en octobre 1816, Hegel dit à ses auditeurs : « La philosophie n'existe plus que chez la « nation allemande ; nous avons reçu de la nature « la mission d'être les conservateurs de ce feu sacré. » Un sentiment analogue n'est point rare en France. On peut en trouver l'expression naïve dans la préface d'une édition des œuvres de Leibniz publiée par le libraire Charpentier, dans laquelle on lit : « La « France seule peut donner une édition de Leibniz. »

Introduire une préoccupation nationale dans l'étude de la philosophie, c'est obéir à un sentiment fort louable en lui-même, mais qui chevauche hors de son domaine. Chercher à faire honneur à son pays par la culture de la science, rappeler au besoin ses titres à l'estime dans la république des lettres, c'est bien ; mais ce qui n'est pas bien c'est de subordonner la culture de la science à l'idée de la

---

[1] *Del primato morale e civile degli italiani.* Un des chapitres de la seconde partie est destiné à établir la primauté de l'Italie dans les sciences philosophiques.

gloire de son pays. Il faut reconnaître, du reste, que l'influence indue du patriotisme sur les recherches philosophiques tend, sinon à disparaître entièrement, du moins à s'atténuer d'une manière très sensible par les communications toujours plus faciles et fréquentes entre les différents peuples, et par les traductions toujours plus nombreuses des écrits qui fixent un peu vivement l'attention. Après une période où les expressions philosophie *allemande,* philosophie *française,* philosophie *écossaise* avaient une place légitime dans l'exposition des faits, nous arrivons à une période où les expressions de cette nature n'ont plus guère qu'une valeur historique. Aujourd'hui ce sont les doctrines qui divisent le monde des intelligences, et rapprochent les penseurs d'une même école plus que la diversité de leurs patries ne les sépare. C'était l'état des choses au moyen-âge, et nous nous en rapprochons beaucoup.

97. *La recherche philosophique doit se dégager des préjugés nés de l'ancienneté ou de la nouveauté des idées.*

L'attachement aux idées anciennes ou nouvelles peut être le résultat de l'intérêt personnel, de l'amour-propre, ou de la vanité des savants (94). Mais il est des préventions de cette nature qui peuvent être relativement désintéressées. S'agit-il d'une constatation ? les témoignages les plus anciens sont les meilleurs, puisqu'ils se rapprochent davantage de l'époque où les faits qu'il s'agit de constater se sont accomplis. Un historien sérieux s'efforcera toujours de remonter aux sources et, dans ce cas, le respect de l'antiquité est une des règles essentielles de la critique. Mais s'agit-il de la constatation de faits actuels et des théories qui peuvent en rendre compte ? les anciens, comme l'a dit Pascal, sont les jeunes; et c'est à nous, et encore plus à nos successeurs, que le respect dû à la vieillesse doit s'appliquer légitimement. Aristote a rendu des services signalés à l'esprit humain, mais l'emploi indu de son autorité a longtemps entravé le développement de la science. L'histoire de l'époque qui forme la transition du moyen-âge à l'ère moderne est pleine de récits curieux sur la manière dont on repoussait, au nom de l'autorité de celui qu'on nommait *le philosophe,* les observations qui ont formé les bases de la science actuelle.

L'affranchissement légitime de l'autorité des anciens peut dégénérer en un préjugé illégitime en faveur de toute idée nouvelle. Pour l'accumulation des faits observés, l'avantage que nous avons sur nos devanciers est manifeste. Il en est de même pour les lois vraiment expérimentales qui sont l'expression de ces faits. Mais s'agit-il des théories explicatives ? en ce cas les nouvelles sont les jeunes; et les doctrines qui ont été longuement étudiées ne doivent pas être abandonnées légèrement par un engouement irréfléchi pour la nouveauté. Cela arrive cependant quelquefois, et particulièrement dans les époques de crise intellectuelle comme celle que nous traversons. Les esprits libres se sentent à l'étroit dans les cadres du passé ; c'est le mouvement naturel de la vie et le facteur de tout progrès. Mais ils s'égarent lorsqu'ils prétendent, non pas augmenter l'héritage intellectuel légué par les générations précédentes, mais le répudier. Rompre avec le passé, c'est rompre avec l'humanité, et bien souvent se perdre dans un orgueilleux isolement. L'étude exclusive de la science contemporaine est un piège tendu par un amour aveugle de la nouveauté. N'est-il pas, de nos jours, des débutants dans les recherches de la pensée qui, tout imbus des doctrines du sensualisme à la mode, semblent ignorer, ou n'avoir jamais compris les réfutations victorieuses de l'empirisme faites par Leibniz et Kant ? La règle de nos pensées, en matière de philosophie comme en toute autre, ne doit être ni le vieux ni le neuf, mais le vrai.

98. *La philosophie ne doit pas être soumise à un a priori théologique* [1].

La philosophie est une recherche dont la base est l'observation des faits et dont le but est de rendre raison de l'expérience, par l'application des lois de la raison. L'intervention d'un *a priori* quelconque autre que *l'a priori* de l'esprit humain détruit son caractère. Le fait se serait produit, au moyen-âge, si l'on avait appliqué sérieusement et dans

---

[1] Pour le développement de cet article et des deux suivants voir *La Philosophie et la Religion,* un volume de la petite Bibliothèque du chercheur, publiée par M. Arthur Imer. Lausanne 1887.

toutes ses conséquences la maxime que la philosophie est la servante de la théologie *(ancilla theologiœ)*. En réalité le fait se produisait d'une manière incomplète, et l'indépendance de la pensée se montra souvent avec énergie à l'époque d'Abélard, d'Anselme et d'autres penseurs illustres. Mais la maxime elle-même, dans la mesure où elle déroulait ses conséquences, contredisait l'idée de la philosophie. Pour signaler le trait le plus caractéristique de l'état des choses au moyen-âge, il faut dire qu'un *a priori* théiste dominait et limitait les recherches de la pensée spéculative. Cet *a priori* théiste, imposé à cette époque par des persécutions qui pouvaient aller jusqu'à la mort, a été, en d'autres temps, imposé par une loi d'opinion. Une philosophie niant l'existence de Dieu a été longtemps considérée comme un opprobre. Par une de ces réactions violentes dont l'histoire de la pensée offre plusieurs exemples, nombre d'esprits en sont venus à vouloir imposer à la philosophie un *a priori* athée, ou, pour le moins, à donner au mot philosophie un sens hostile à toute foi religieuse. C'est ce qui est arrivé au XVIIIme siècle, sous l'influence du parti des Encyclopédistes. Alors se forma l'opinion de ces hommes que Jouffroy signale comme avides de nouveautés et « nourris dans le *mépris* du vieux dogme »[1]. Le mépris est quelquefois une justice ; il est rarement une lumière. Aujourd'hui maint adepte du matérialisme refuse le caractère de vrai

---

[1] *Mélanges philosophiques*, page 21 de la seconde édition.

savant à tout homme qui croit encore à la réalité de l'esprit.

L'un et l'autre des deux *a priori* qui viennent d'être indiqués doivent être exclus de la détermination de l'idée de la philosophie. Les recherches de la science générale ne doivent avoir d'autres données que les faits et le raisonnement, deux éléments qu'il s'agit de rejoindre par la découverte des vrais principes de l'explication des phénomènes. On a vivement agité, il y a quelques années, la question de savoir si la philosophie est inquisitive ou démonstrative. La question se trouve résolue dès qu'on en comprend bien les termes. La philosophie est démonstrative, comme toute autre science, quand il s'agit d'établir les vérités découvertes par sa propre méthode, mais son but étant de découvrir ces vérités, elle est inquisitive par essence. Son caractère démonstratif entendu d'une manière absolue, c'est-à-dire dans le cas où il s'agirait de prouver des thèses antérieures à ses recherches, ne peut provenir que d'une confusion entre le domaine de la philosophie et celui de la théologie au sens spécial de ce dernier terme.

99. *La philosophie se distingue de la théologie ecclésiastique par sa méthode et par son contenu.*

Par le terme de théologie ecclésiastique j'entends une science reposant sur une base de foi, base de foi qui est la raison d'être des églises, et qui sépare ces sociétés particulières de la société générale et civile. Les recherches purement rationnelles relatives aux questions religieuses constituent une portion de la philosophie et reçoivent quelquefois le nom de *théologie naturelle,* mais lorsqu'on parle de *théologie* sans joindre un adjectif à ce substantif, on entend habituellement par là des études que, pour prévenir toute équivoque, je désigne sous le titre de théologie ecclésiastique.

La croyance à une révélation surnaturelle est historiquement la base de presque toutes les églises et communautés religieuses. Cette croyance crée des dogmes qui sont enseignés avec autorité, et le but du travail proprement théologique est d'établir le sens véritable de la révélation. La foi étant la raison d'être d'une église, et la foi constituant naturellement et nécessairement une autorité, une science ecclésiastique qui ne part d'aucune présupposition relative à une vérité reçue est un contresens. La théologie, en tant qu'elle est la science de l'église, suppose un *a priori* de croyance, et ceci est vrai d'une manière générale. La théologie des Bouddhistes a pour point de départ la révélation accordée à Sakya-Mouni, la théologie des mahométans a pour base le Koran, de même que la théologie chrétienne dans sa généralité a pour base la révélation dont les chrétiens affirment que Jésus de Nazareth a été l'organe. Une recherche relative aux vérités religieuses, et qui n'a d'autre point de départ que l'expérience et la raison appartient, je le répète, au domaine de la philosophie.

La philosophie, comme toute science sérieuse, admet trois autorités : celle de l'expérience, celle de la raison et celle du témoignage (49) ; mais elle n'admet pas des dogmes, c'est-à-dire des affirmations imposées aux recherches de la pensée par une croyance antérieure à ces recherches. L'intervention du dogme détruirait la philosophie dans son essence même.

Il semble que l'on pourrait ramener la théologie à la méthode philosophique par le raisonnement que voici : La science ne peut pas se passer de l'autorité du témoignage. Si l'on démontre la réalité des révélations divines, ce qui est l'objet propre de l'apologétique religieuse, les organes de cette révélation deviennent les témoins des réalités dont les dogmes sont l'expression ; leur parole doit donc être reçue comme on reçoit les affirmations d'un témoin compétent constatant des faits d'une nature quelconque. Ce raisonnement serait valable si la réalité d'un témoignage divin pouvait être établie par les procédés intellectuels communs à toutes les recherches, mais il n'en est pas ainsi. La foi religieuse qui réunit les membres d'une église, et dont le contenu est l'objet de la science ecclésiastique, cette foi peut bien reposer en partie sur le raisonnement, mais elle renferme toujours un élément personnel et moral qui se distingue du simple fonctionnement de l'intelligence. Les arguments des apologistes ont une valeur qu'il est loin de ma pensée de nier ; mais il est facile de constater que, dans la formation d'une foi religieuse, le cœur, la conscience et la volonté jouent un rôle considérable et presque toujours prépondérant. Or les besoins du cœur et de la conscience, les actes de la volonté, conservent un caractère personnel et ne peuvent pas avoir la valeur générale des expériences sur lesquelles se fonde une science pure de tout *a priori* dogmatique. Il en résulte que la philosophie et la héologie ecclésiastique diffèrent par leurs méthodes parce qu'une science libre et commune se distingue d'une science qui part de données préalables dont elle cherche seulement à fixer le sens. Lorsqu'un théologien affirme qu'il ne reconnaît aucune autorité, on peut l'engager légitimement à se classer dans le rang des philosophes ; et si un philosophe faisait appel pour établir une doctrine à l'autorité religieuse, on aurait le droit de le renvoyer aux auditoires de théologie.

Les deux sciences qui diffèrent par leurs méthodes, diffèrent également par leur contenu. La philosophie et la théologie ont un grand nombre de questions communes, et ces questions sont les plus importantes que puisse agiter l'esprit humain. La nature du principe de l'univers, la nature de l'homme et ses destinées, figurent dans un programme que la théologie et la philosophie abordent en commun et cherchent à remplir selon leurs propres méthodes. Le théologien cherchera à déterminer le véritable sens des documents sacrés, le philosophe se demandera à quelle solution il peut parvenir par le libre emploi de sa pensée. Mais la foi qui est la base de la théologie soulève des problèmes auxquels la philosophie demeure étrangère. Tels sont, par exemple, dans le monde chrétien, toutes les questions relatives à la nature du Christ, questions qui, dans le sens où la théologie les aborde, supposent l'affirmation préalable d'une manifestation spéciale de Dieu dans la personne du fils de Marie.

La philosophie se distingue donc de la théologie, et il ne peut pas être question de la subordination d'une de ces sciences à l'autre. Placer la philosophie sous la dépendance de la théologie, c'est la nier dans son caractère fondamental. Subordonner la théologie aux recherches philosophiques, ce serait admettre qu'une révélation tenue pour divine demeure soumise au contrôle de la raison humaine, ce qui n'est au fond que nier positivement, bien que d'une façon détournée, l'origine surnaturelle attribuée au dogme par les croyants. Il y a donc une distinction essentielle à faire entre la théologie et la philosophie, mais cette distinction n'est pas une séparation, voici pourquoi.

100. *Les dogmes religieux renferment des doctrines qui sont pour la philosophie des hypothèses à examiner.*

Nous appelons *dogme,* on vient de le voir, une affirmation reçue en vertu de son origine considérée comme divine. Nous appelons *doctrine* une affirmation dépouillée de tout caractère de cette nature, et soumise, par conséquent, au libre examen de la pensée. Puisque la théologie et la philosophie sont en présence de questions communes, les dogmes contiennent des solutions du problème philosophique. Le brahmanisme, le bouddhisme, le christianisme, toutes les théologies résolvent, chacune à leur manière, les problèmes soulevés par la pensée spéculative. Il s'est produit cependant à cet égard une erreur des plus étranges : c'est l'affirmation que la religion est une affaire de sentiment qui ne fournit point de réponses aux questions agitées par la philosophie. On a dit, par exemple, que la religion vraie n'a pas besoin de dogme, parce qu'elle peut être réduite à l'amour de Dieu et du prochain. Il ne faut cependant qu'un degré médiocre de réflexion pour entendre que l'existence du Dieu qu'il s'agit d'aimer est un dogme de première importance, et que la qualité de prochain attribuée à tous les hommes est un second dogme non moins important que le premier. L'amour sans doute est un sentiment et et non pas une idée; mais, dès qu'on en spécifie l'objet, on arrive à des déterminations dogmatiques.

La séparation impossible que l'on veut établir entre la vie religieuse et la doctrine, est le résultat d'une tentative qui s'est produite dans le sein du protestantisme par des circonstances faciles à constater. C'est le résultat du caractère national et légal des communautés religieuses issues de la grande crise du XVIme siècle[1]. Le caractère religieux et l'état civil des individus ont d'abord été confondus en ce sens que chaque Etat avait son culte auquel il était nécessaire d'adhérer pour jouir des droits de ci-

---

[1] Voir une étude sur les Eglises d'Etat dans l'*Eglise romaine et la liberté des cultes*, broch. in-8°. Genève, Cherbuliez, 1878.

toyen. Il y a eu des Etats catholiques, des Etats luthériens, anglicans, réformés. Lorsque la liberté civile des opinions a été établie, la qualité de citoyen et celle de membre de l'église sont demeurées confondues, comme auparavant, et l'on a vu alors se produire des églises nationales qui ne devaient pas avoir de doctrines puisqu'elles étaient la propriété de tous et que l'opinion de chacun était déclarée libre. En fait, l'idée d'une église qui ne professe pas de croyance est un contresens, puisque la profession d'une croyance commune est la seule raison d'être d'une église. C'est pour masquer cette contradiction (ce résultat s'étant produit d'une manière consciente ou inconsciente) que des théoriciens du protestantisme ont émis la pensée qu'il existe un christianisme qui peut réunir les hommes par la communauté de la vie religieuse, en l'absence de toute doctrine admise en commun. Cependant si l'adoration fait partie de la vie religieuse, elle suppose l'existence et la perfection du principe du monde. Si la prière fait partie de la vie religieuse, elle suppose des rapports possibles entre les hommes et Dieu. Si une espérance allant au-delà de la tombe fait partie de la vie religieuse, elle suppose que l'âme survit à la dissolution du corps. Si le repentir fait partie de la vie religieuse, ce sentiment suppose la réalité de la loi morale et le libre arbitre de l'homme. Ce sont là des doctrines en dehors desquelles l'expression de vie religieuse n'a plus aucun sens appréciable, et ces doctrines renferment des solutions déterminées des plus hauts problèmes de la philosophie.

Les doctrines engagées dans le dogme peuvent en être détachées pour être soumises à un examen rationnel. Sans avoir d'autorité, au point de vue philosophique, elles peuvent exercer sur la pensée une légitime influence (57). Ce qui est dogme en matière de foi devient en philosophie une hypothèse à examiner, et si le résultat de l'examen est affirmatif, l'accord de la philosophie et de la religion se trouve établi sans que leur différence soit méconnue.

Après avoir dit ce que la philosophie ne doit pas être, abordons directement la question de sa méthode.

101. *La méthode de la philosophie est la même que celle de toutes les sciences complètes.*

J'appelle sciences complètes les sciences explicatives, par opposition aux sciences purement expérimentales qui ne font que coordonner les données de l'expérience, et aux sciences purement rationnelles qui n'ont qu'une valeur instrumentale (14 à 18). Un préjugé fort répandu assigne une méthode aux sciences, et une autre méthode à la philosophie. Ce que l'on considère alors comme la méthode de la philosophie c'est la construction *a priori*, méthode qui n'est applicable qu'aux sciences purement rationnelles dans l'objet desquelles il n'entre aucune réalité de fait. Dès qu'il s'agit des faits, toute construction *a priori* égare la pensée. La cause de la philosophie est ainsi compromise par son identification avec le rationalisme ; mais dès qu'il s'agit des réalités expérimentales, le rationalisme est une méthode fausse pour toutes les recherches de l'esprit humain sans exception (44). Toutes les sciences ont passé plus ou moins par une période de leur développement où cette fausse méthode était appliquée. La physique des anciens Grecs était *a priori* aussi bien que leur métaphysique. C'est en se séparant d'une conception systématique de l'univers prématurément adoptée, et en se posant sur la base de l'observation des faits, que les diverses sciences se sont constituées et ont accompli des progrès. C'est le grand fait qui forme l'un des caractères distinctifs de la pensée moderne, et que l'on a attribué d'une manière trop exclusive à l'influence de Bacon. Ce qu'ont fait la physique, la chimie, la zoologie, ce que fait de nos jours l'anthropologie, c'est ce que la philosophie doit faire à son tour, si elle veut prendre le caractère d'une science positive, et renoncer à des tentatives de construction qui ne sont le plus souvent que de simples rêveries. La philosophie doit séparer sa cause de celle d'une méthode mauvaise et reconnaître que l'*a priori* de la raison, qui est la condition de toute connaissance, n'est l'origine d'aucune connaissance de fait. Ses progrès sont à ce prix.

Il y a divers objets de connaissances ; mais il n'y a pas deux manières de connaître scientifiquement le même objet. Dès qu'il ne s'agit pas seulement d'enregistrer les phénomènes immédiatement perçus, ou les données primitives de la raison, mais d'expliquer les faits, la méthode se retrouve toujours la même dans ses éléments constitutifs : constater, supposer, vérifier (45). La philosophie étant la science explicative par excellence, il faut seulement reconnaître quel est le caractère spécial que revêtent pour ses études les trois opérations de la pensée communes à toutes les recherches de l'esprit humain.

102. *Les résultats des sciences particulières sont l'objet de l'observation philosophique.*
La philosophie n'observe pas directement les faits de détail, mais elle part des résultats acquis par les sciences particulières qui ont groupé ces faits et les ont expliqués, au moins en partie ; c'est là ce qui rend la philosophie possible (87). Ce qu'un fait est à une science particulière, une théorie véritablement démontrée, dans un ordre spécial de recherches, l'est à la philosophie. Il y a donc une solidarité réelle entre les sciences particulières et la science générale (89). La découverte de Kopernick a exercé une influence considérable sur l'idée du monde matériel. En physique, la doctrine de l'inertie substituée à l'idée des appétits et des vertus de la matière, que Bacon défendait encore, a profondément modifié les bases de la philosophie. En biologie, si les discussions relatives au transformisme arrivent, un jour, à une solution vraiment scientifique et généralement admise, nous aurons une base nouvelle pour l'interprétation générale des phénomènes de la vie. Il serait facile de multiplier

ces indications, de montrer par exemple que les résultats des études historiques ne sont pas étrangers à la solution du problème du but ou de la destination de l'univers. La base d'observation pour la philosophie se compose donc de toutes les théories valables qui ont fourni l'explication de diverses classes de phénomènes ; passons à la supposition.

103. *L'hypothèse fondamentale de la philosophie consiste dans la détermination d'un principe premier.*

C'est ici la conséquence directe de l'objet de la philosophie. Cette science étant la recherche d'un principe unique qui rende raison de la totalité de l'expérience (83), il est clair que l'essai de la détermination d'un tel principe est sa supposition fondamentale. Toutes les autres hypothèses qui interviendront nécessairement dans l'étude auront un caractère secondaire et devront se rattacher à cette hypothèse primitive.

La détermination d'un principe premier doit, sous peine de demeurer inféconde, renfermer un élément d'expérience, puisque c'est par l'expérience seule que nous sommes mis en contact avec les réalités, et qu'une conception purement idéelle ne saurait fournir l'explication d'aucun fait (16).

Les hypothèses philosophiques doivent, comme toutes les autres, être examinées sans que leur origine exerce une influence sur leur appréciation (57). C'est donc une erreur d'opposer, dans un sens général et absolu, ainsi qu'on le fait souvent, la philosophie et les données traditionnelles. La nature de la philosophie s'oppose à toute autorité que l'on voudrait accorder à la tradition, c'est le côté vrai de la position prise par Descartes; mais lorsque Descartes confond les deux idées essentiellement distinctes de l'*indépendance* de la pensée philosophique et de son *isolement,* il se trompe, et se trompe d'une manière grave. L'isolement dans lequel il croit se placer, pour n'interroger que sa raison à l'état supposé pur, est tout à fait illusoire. Il ne pense en effet qu'au moyen de la parole, et la parole introduit dans sa pensée, sans qu'il s'en doute, des éléments traditionnels. Il est facile de s'en assurer en constatant que, dès qu'il emploie le mot Dieu, il unit à ce terme des conceptions qui ne sont point contenues dans ses prémisses et qui sont le résultat de son éducation.

Une tradition imposée, c'est la destruction de la philosophie dans son essence même ; mais ne pas vouloir que les données traditionnelles, sans être *imposées,* soient *proposées* à la pensée du philosophe, c'est le résultat d'une conception empirique ou rationaliste de la science. Lorsqu'on a bien discerné le caractère de la vraie méthode scientifique, on comprend que les solutions du problème universel qui se trouvent engagées dans la tradition doivent être soumises à l'examen aussi bien que les conceptions individuelles (100). L'histoire des sciences particulières démontre l'utilité de la connaissance des idées traditionnelles. Kopernik déclare que c'est dans les livres des écrivains de l'antiquité qu'il a trouvé le germe de sa théorie ; Fresnel reconnaît explicitement qu'en substituant la doctrine des ondulations à celle de l'émission pour l'explication des phénomènes de la lumière, il propose une doctrine qu'il n'a pas inventée, mais qu'il a trouvée dans les écrits de savants dont, à son époque, on avait méconnu la valeur. Ce qui est vrai des sciences particulières est également vrai de la philosophie. Les solutions du problème universel engagées dans la tradition sont, au point de vue de la science, des hypothèses à examiner ; ne pas le faire, ce serait refuser de tourner les yeux dans une direction déterminée, où l'on pourrait trouver de la lumière.

104. *La nature de la déduction philosophique dépend de l'hypothèse admise pour la détermination du principe de l'univers.*

Toute déduction s'opère selon les règles de la logique ; mais les explications philosophiques considérées dans leur ensemble diffèrent profondément selon que le principe de l'univers est conçu comme pouvant ou ne pouvant pas laisser une place à la liberté. Si l'on admet que toutes choses découlent d'un principe dont les manifestations sont nécessaires, la pensée cherchera à construire un système au moyen d'une déduction purement *a priori*. Cette manière d'entendre la science est celle de Spinoza et de Hegel. Il ne s'agit pas ici d'apprécier la valeur des constructions de ces philosophes, mais seulement d'en constater la nature. Or Spinoza estime qu'à partir du principe de l'univers « toutes choses « ont découlé nécessairement ou découlent sans « cesse avec une égale nécessité, de la même « façon que de la nature du triangle il résulte de « toute éternité que ses trois angles égalent deux « droits »[1]. Les procédés des sciences mathématiques deviennent ainsi ceux de la philosophie. C'est pourquoi Spinoza nous informe dans le sous-titre de son principal ouvrage que sa doctrine est exposée suivant les procédés des géomètres *(ordine geometrico)*. Des remarques de même nature s'appliquent à la construction systématique de Hegel, et à toutes les doctrines qui cherchent dans une nécessité logique la solution du problème universel.

Si la conception du principe premier laisse une place à la liberté, la science rencontrera au nombre de ses données des faits qui pourront devenir intelligibles par la connaissance de leur cause et de leur but (36, 37), mais qui ne seront pas déterminables *a priori*. On peut dire que la question suprême de la philosophie est celle-ci : Les faits sont-ils l'expression des idées, ou les idées sont-elles l'expression des faits ? Le fond de toute science est-il une logique ou une histoire ? Si le principe de l'univers est nécessité, et que ses manifestations soient intelligibles, l'explication du monde est toute entière dans la logique. S'il existe de la liberté, soit dans le principe du monde, soit dans le monde lui même, la constatation des faits est la

---

[1] *Ethique.* Partie I Scholie de la Proposition, 17.

base de la science, et la logique qui rend les faits intelligibles explique les phénomènes qu'elle n'a pas la puissance de déterminer. On voit comment se justifie l'affirmation que la nature de la déduction philosophique considérée dans son ensemble dépend d'une conception relative au principe universel. Passons maintenant au contrôle, ou à la vérification des hypothèses.

105. *Les réalités de tous les ordres sont le contrôle d'une hypothèse philosophique.*

Cette affirmation résulte directement de la généralité du problème philosophique (77). Les données de l'observation, qui sont la base nécessaire de toute théorie sérieuse, sont les éléments du problème à résoudre et par conséquent le contrôle des solutions essayées. Toutes choses sont unies étroitement dans l'harmonie universelle; mais les sciences particulières isolent plus ou moins leurs objets; et cette spécialité des études est la condition nécessaire de leurs progrès. Les lois établies par les physiciens et les chimistes ont leur contrôle dans une classe déterminée de faits. Le physicien, comme tel, n'a pas à prendre en considération les phénomènes moraux; le moraliste n'a pas à faire entrer la géométrie dans la vérification de ses hypothèses; mais, lorsqu'il s'agit du problème universel, les faits de tous les ordres, et les sciences particulières qui les expriment, font naturellement partie de la vérification des hypothèses comme elles ont dû faire partie de l'observation à l'occasion desquelles les hypothèses se sont produites.

Les hommes voués aux études spéciales arrivent assez facilement à la pensée que les doctrines relatives au premier principe demeurent dans le domaine des conjectures individuelles que chacun forme selon la nature de ses sentiments et la tournure de son imagination, sans qu'elles puissent être l'objet d'un contrôle vraiment scientifique. Cette manière de voir n'est pas justifiée. Dans les sciences particulières, dès qu'il ne s'agit pas de la simple constatation des faits, mais de leur explication, une théorie n'est pas l'objet d'un contrôle immédiat, mais reçoit une valeur proportionnelle à la conformité de ses conséquences avec les données expérimentales. Il en est ainsi, par exemple, de l'existence de l'éther que le physicien ne perçoit ni ne percevra, mais dont il admet la réalité parce que la supposition de cette réalité lui permet seule de rendre raison des phénomènes de la lumière, de la chaleur, de l'électricité. Il n'en est pas autrement pour les hypothèses philosophiques. Elles ne peuvent être vérifiées qu'en comparant leurs conséquences aux données expérimentales. La philosophie a été nommée la reine des sciences. Si l'on veut employer ce langage figuré, il faut dire que cette reine occupe le trône d'une monarchie essentiellement constitutionnelle, par opposition au despotisme qui caractérise les prétentions de la méthode *a priori*. La philosophie sert les sciences particulières autant qu'elle en est servie, ce qui est là condition des bons gouvernements. Sa grandeur consiste dans les services qu'elle rend, et elle ne rend de services que dans la mesure où elle demeure soumise aux lois de la méthode scientifique. On peut dire, en faisant usage d'une des hautes vérités de l'ordre moral : l'orgueil fait sa faiblesse, elle puise sa force dans l'humilité. L'expérience seule valide les théories des philosophes ; mais il importe de ne pas oublier que, dans la vérification de ces théories, les données expérimentales de tous les ordres doivent intervenir.

106. *La philosophie doit prendre en considération les tendances naturelles du cœur humain.*

Il arrive assez souvent que les tendances du cœur sont reléguées hors du domaine de la science, comme si elles ne constituaient pas des faits d'une importance au moins égale à celle du mouvement des molécules chimiques, ou des manifestations de la vie d'un insecte. Le théologien Strauss a écrit : « L'utilité d'une idée ne prouve rien quand il s'agit « de savoir si elle est vraie [1] ». Je me rappelle avoir lu dans les pages d'un écrivain français, M. de Rémusat, si je ne me trompe, l'affirmation que nos désirs ne prouvent rien, parce que, pour conclure légitimement quelque chose de nos désirs, il faudrait d'abord avoir démontré que le monde est organisé pour nous plaire. D'une manière générale, on voit souvent les tendances naturelles du cœur

---

[1] *Compte-rendu de théologie et de philosophie*, 1870, page 59.

laissées de côté par les philosophes à titre d'affaires de sentiments, d'émotions, etc. etc.

Il va sans dire qu'il ne s'agit pas ici de fantaisies, de caprices, de désirs individuels nés d'intérêts particuliers, mais des éléments constitutifs de l'esprit de l'homme. Par exemple, le cœur humain désire-t-il la joie ? Assurément. Toutes les espérances sont un élan vers la joie, et le pessimisme est le témoignage éclatant d'un désir de bonheur inné et qui n'est pas satisfait. Voilà un fait dûment constaté, et c'est là un des éléments essentiels de l'analyse philosophique, une donnée de premier ordre dont la synthèse doit chercher l'explication. Du désir instinctif du bonheur, ou ne peut tirer aucune conclusion immédiate ; mais c'est un fait que la science générale ne peut pas laisser à l'écart sous peine de se mutiler. Qu'un naturaliste qui se rend attentif aux démarches d'une fourmi et aux mouvements d'une grenouille ne prenne pas en considération les tendances du cœur humain, il n'y a rien à objecter à cela, pourvu que ce naturaliste reste sur son terrain. Mais, dès qu'il met le pied sur le terrain de la philosophie, il n'a pas le droit de laisser les désirs et les sentiments de l'homme en dehors de son étude. Il arrive pourtant qu'on fait ainsi, et qu'on élève des systèmes sur la base étroite d'une constatation incomplète des phénomènes.

107. *La philosophie doit prendre en considération les données de la conscience morale.*

Un représentant connu du matérialisme contemporain a écrit : « La vérité est au dessus de « toutes les choses divines et humaines..... Qu'il « nous soit permis de faire abstraction de toute « question de morale et d'utilité.... L'unique point « de vue qui nous dirige, c'est la vérité[1] ». Nous venons de voir la mise à part des sentiments; voici maintenant la conscience morale mise hors des frontières de la science. Il importe de constater que l'auteur cité ne nie pas l'existence des phénomènes que nous appelons moraux et des questions que ces phénomènes soulèvent, puisqu'il les désigne pour les exclure. L'opposition entre l'utilité et la recherche de la vérité peut être signalée à juste titre lorsqu'il s'agit d'intérêts particuliers; mais mettre la morale à part de la recherche de la vérité, c'est exclure de la base et en même temps du contrôle des théories philosophiques une classe de faits que l'on est toutefois obligé de constater.

. Je ne m'appliquerai pas à établir ici la réalité du fait de l'obligation morale et le caractère spécifique de ce fait; je ferai seulement remarquer que les auteurs qui nient théoriquement la réalité des faits moraux sont conduits le plus souvent à introduire la morale dans des systèmes qui en renferment au fond la négation, et à faire à la vertu une place qu'il leur est impossible de justifier logiquement. C'est ainsi que le baron d'Holbach dans son *Système de la nature* commence par affirmer qu'il n'existe

---

[1] Büchner. *Force et matière*, pages 349 et 357 de la troisième édition française, Paris, Reinwald, 1869.

dans l'univers que de la matière en mouvement, et termine son livre par un hymne à la nature et à la vertu, « l'une de ses filles adorables [1] ».

Si l'on ne fait pas une place dans les bases et dans le contrôle des théories philosophiques à tous les faits qui s'imposent à la pensée, on tombe dans des contradictions étranges. Charles Secrétan a fort bien dit : « Une philosophie sérieuse ne choisit pas dans les « faits. Son devoir est de les embrasser tous impar- « tialement. Elle ne peut considérer sa tâche comme « achevée que lorsqu'elle réussit à les concilier tous « dans une même pensée. Sacrifier les uns aux « autres est un procédé arbitraire [2] ». Une science particulière reste toujours incomplète, même quant à son objet spécial, à cause des rapports qui joignent entre eux tous les éléments de l'univers; mais, en sa qualité de science particulière et en vertu du besoin d'analyse imposé à la faiblesse de notre pensée, elle a accompli sa tâche en isolant, autant qu'elle le peut, et en considérant à part un certain ordre de faits. Mais en négligeant certains ordres de faits, la philosophie est altérée dans son essence même qui est l'universalité. Dans un écrit de sa jeunesse M. Taine explique que, pour entrer sur le terrain de la philosophie, il faut faire deux parts de soi-même : l'homme ordinaire et le philosophe. L'homme ordinaire se meut dans la société, évite d'être nuisible, tâche d'être utile, et a l'idée d'obli-

---

[1] *Système de la nature.* Partie I, chap. 1 et partie II, chap. 14.
[2] *Discours laïques,* page 225.

gations morales à remplir. L'autre homme, a qui seul est permis l'accès de la philosophie, ne sait pas que le public existe. « A vrai dire, ce n'est pas un « homme; c'est un instrument doué de la faculté « de voir, d'analyser et de raisonner [1] ». Dans ce passage fort curieux et très instructif on voit à nu l'erreur que je signale. Qu'est-ce que ce philosophe qui veut oublier qu'il est un homme, comme si l'homme, l'homme vivant et complet, n'était pas une donnée de premier ordre pour l'étude du problème universel.

Il importe de distinguer à cette occasion deux dispositions essentiellement diverses de la pensée : l'esprit philosophique et l'esprit systématique. L'esprit *philosophique* unit la généralité à la tendance à l'unité (78, 83). Le philosophe qui se rend compte des exigences de sa recherche, n'admettra comme principe d'unité qu'une conception qui pourra faire place à l'ensemble des phénomènes observés. L'esprit *systématique* est la disposition à sacrifier une partie des données de l'expérience à la recherche de l'unité, à s'absorber dans la contemplation d'un seul des éléments de l'univers en s'écriant : « Tout est « là ! » La recherche de l'unité est le principe de tous les progrès de la science; mais, je le répète, chercher l'unité trop vite et trop bas, c'est la source des principaux écarts de la pensée.

---

[1] *Les philosophes français au XIXe siècle*, page 35 de la première édition.

108. *Les conséquences pratiques des systèmes de philosophie sont un des éléments essentiels de leur appréciation.*

Cette affirmation est pleinement évidente, si l'on admet que la philosophie ne peut pas laisser à l'écart les phénomènes moraux. Il faut observer que les conséquences des systèmes ne fournissent pas seulement des explications des faits constatés, mais aussi, dans le domaine où la liberté de l'homme intervient, des principes directeurs de l'action (92). Demander à un système quelle morale il produit afin de reconnaître si cette morale systématique est d'accord ou non avec les données de la conscience, c'est lui poser une question légitime. Concevoir la philosophie comme indépendante de ses conséquences pratiques, et faire de la science et de la vie deux ordres de choses absolument séparés, c'est nier la réalité de la vie, ou méconnaître le caractère général de la science. Il est bien entendu qu'il s'agit toujours du rapport des systèmes avec les éléments constitutifs de la nature humaine, et non pas de la subordination de la science à des sentiments spéciaux et à des intérêts particuliers.

LES POSTULATS DE LA PHILOSOPHIE

109. *L'idée d'un principe premier est le postulat de la recherche philosophique* [1].

Toute recherche suppose un objet présent à la pensée du chercheur. A l'égard de l'objet de la philosophie, la pensée peut occuper trois positions : la négation, le doute, l'affirmation (85).

La négation de l'existence d'un principe universel est rare; voici pourtant ce qu'on lit dans les œuvres d'un écrivain contemporain : « Le monde est ce « qu'il est, et il est parce qu'il est : toute autre rai- « son de son existence ne peut être qu'un sophisme « ou une illusion [2] ». Le résultat de cette manière

---

[1] Voir un mémoire sur le Postulat de la philosophie dans les *Séances et travaux de l'Académie des sciences morales et politiques*, année 1869.

[2] Le *Rationalisme* par Ausonio Franchi, Bruxelles 1858, p. 27. — M. Ausonio Franchi, après avoir été un des adeptes de l'athéisme contemporain, a reconnu son erreur, et a fait un noble effort pour ramener ses lecteurs à la philosophie spiritualiste et chrétienne. — Voir les *Annales de philosophie chrétienne* de mars 1891.

de voir est que la pensée reste en présence du monde avec la multiplicité de ses phénomènes, sans s'élever à la considération d'un principe auquel le monde devrait son existence et qui ferait son unité. L'auteur des lignes citées ne refuse pas seulement à l'esprit humain le pouvoir d'atteindre le principe universel et de le déterminer, il affirme que le monde est parce qu'il est, c'est-à-dire que la multiplicité indéfinie des êtres a en elle-même sa raison d'existence. La science doit constater le multiple sans faire aucun effort pour le ramener à l'unité; c'est la négation directe de la réalité de l'objet de la philosophie.

Le doute absolu des anciens a disparu plus ou moins complètement pour faire place, ainsi que nous l'avons vu, au positivisme des modernes (69). Le doute, en se retirant du domaine des sciences physiques et naturelles, se jette avec d'autant plus de force sur les vérités de l'ordre spirituel et spécialement sur les théories relatives au premier principe. A la vérité, le positivisme porte dans son sein l'affirmation du matérialisme qui s'en dégage bien souvent; mais, si l'on s'en tient à son programme officiel, il se borne à coordonner les faits sans rien affirmer, mais sans rien nier non plus, sur les objets qui dépassent l'expérience. Le positivisme officiel n'est ni matérialiste, ni idéaliste, ni théiste, ni athée; il se borne à déclarer qu'au sujet du principe universel nous ne savons rien, et nous ne pouvons rien savoir.

Il est d'autres manières de contester la portée de

la raison dans l'ordre des spéculations philosophiques. Le mysticisme admet l'existence d'un premier principe ; mais il refuse à l'intelligence le pouvoir de parvenir jusqu'à lui, et cherche dans le procédé mystérieux de l'extase le mode d'une union suprarationnelle de l'âme avec Dieu. Le criticisme de Kant aboutit à l'affirmation de l'existence d'un premier principe ; mais il fait reposer cette affirmation sur des motifs moraux qu'il déclare étrangers à la science. Le mysticisme et le criticisme peuvent donc être considérés comme des formes du scepticisme, non point au sens absolu du terme, mais au point de vue philosophique, puisque la prétention de la philosophie est précisément l'étude *rationnelle* de la question du premier principe. Il suffit de constater ici que la négation de l'existence du principe premier et la négation de la possibilité de sa détermination rationnelle, sont des philosophies parce que ce sont des recherches qui, bien qu'elles concluent par la négation ou par le doute, ont le premier principe pour objet, en sorte que l'idée de ce principe est bien leur postulat.

110. *La réalité d'un principe premier est le postulat des systèmes de philosophie.*

Si l'idée du principe premier est la postulat de la recherche philosophique, c'est la réalité de ce principe qui est le postulat des systèmes (85). Il est bien clair, en effet, que tout essai de détermination suppose la réalité de son objet.

Les anciens philosophes de la Grèce sont partis

de la pensée qu'il existe un principe premier; la preuve en est qu'ils ont fait des tentatives plus hardies que sages pour en préciser la nature. On peut se demander, au point de vue historique, en présence des essais de la pensée spéculative des anciens grecs (Thalès, Anaximène, Pythagore) dans quelle mesure leur croyance à un premier principe est la manifestation directe de la raison, et dans quelle mesure elle a pu être le résultat d'une influence venue de l'Egypte ou de l'Inde, et primitivement peut-être des plus anciennes traditions religieuses de l'humanité. La question a de l'intérêt; mais sa solution n'importe pas à l'objet actuel de notre étude. Il demeure certain, dans tous les cas, que la raison, telle qu'elle se montre dans l'histoire, est orientée vers l'unité.

On ne peut pas *démontrer* directement l'existence d'un premier principe, mais seulement *montrer* que le travail de la raison, dont les systèmes philosophiques sont le résultat, suppose cette existence. D'une manière générale, on peut montrer ce que la raison suppose, mais comment entreprendre de le démontrer? Les démonstrations se font par le raisonnement; le raisonnement suppose la valeur de la raison. Essayer la démonstration de la valeur de la raison, c'est admettre que la raison est bonne, puisqu'on s'en sert; et la valeur de la raison étant précisément le problème posé, on suppose résolue la question qu'on agite; la pétition de principe est manifeste.

C'est à tort qu'on a reproché à Descartes d'avoir fait un cercle vicieux en démontrant l'existence de Dieu par la raison, et la valeur de la raison par l'existence de Dieu. Descartes affirme que la foi naturelle que nous avons en la raison suppose une croyance implicite en la bonté du principe de l'univers, puisque sans cette foi nous pourrions admettre que nous sommes voués à l'erreur, même dans nos conceptions les plus claires et les plus distinctes. Si le principe du monde était méchant, il pourrait prendre plaisir à nous tromper. Descartes ne démontre pas la valeur de la raison, mais il montre ce que la raison suppose. Il ne s'agit pas de deux démonstrations faisant cercle, mais d'une analyse qui dégage un postulat, analyse dont il est difficile de méconnaître la valeur.

111. *Les notions transcendantes de la raison sont contenues dans le postulat de la philosophie.*

Les notions transcendantes sont celles qui, par leur nature, dépassent toute expérience actuelle ou possible, et ne peuvent être le résultat d'aucune induction ni d'aucune analogie. Telles sont les idées qu'expriment les mots : *infini, absolu, nécessaire, éternel*. L'étude de ces notions et des jugements qui s'y associent a sa place dans la métaphysique ; il faut seulement montrer ici qu'elles sont contenues dans le postulat de la philosophie parce qu'elles sont la conséquence logique de l'idée de l'unité absolue, c'est-à-dire de l'unicité du principe universel. Il ne s'agit point de formuler des affirmations portant sur la réalité des choses, mais seulement de constater un lien logique entre la pensée de l'unité absolue et les autres notions transcendantes. Quelle que soit l'opinion qu'on se forme sur la valeur de ces notions, leurs rapports, tels que l'intelligence les saisit nécessairement, subsistent dans tous les cas.

L'un est infini; c'est-à-dire qu'en supposant un être-principe unique, on doit admettre que l'infini est l'un de ses caractères. En effet s'il était limité il ne pourrait l'être que par un autre être, ce qui détruirait son unicité. On ne peut le considérer comme limité par le néant, parce que toute limitation est un acte, et que tout acte attribué au néant est une contradiction manifeste. C'est la base de l'argumentation de Parménide.

L'un est absolu, c'est-à-dire sans relations primitives découlant de la nature des choses. En effet toute relation est un rapport; tout rapport suppose plusieurs termes; et l'idée de plusieurs termes est inconciliable avec la conception de l'unité absolue.

L'un est nécessaire, dans le sens métaphysique où le mot nécessaire signifie l'existence par soi, l'existence qui n'a aucune cause extérieure à l'être qu'on considère. S'il existe un être un, il faut bien qu'il existe par soi, puisque s'il existait par un autre, il ne serait pas l'unité primitive, et que son existence constituerait une dualité.

L'un est éternel. En effet s'il avait commencé il aurait commencé sans cause, ce qui serait la négation d'une des lois essentielles de la raison, ou il aurait pour cause un autre être, ce qui est incompatible avec l'idée de son unité. Il s'agit ici, je le répète, d'étudier le lien logique des idées, et de constater comment les notions transcendantes se rattachent toutes à l'idée de l'unité absolue, sans tirer pour le moment de cette étude aucune affirmation relative à la réalité des choses.

La première des propositions qui viennent d'être indiquées est convertible. L'affirmation de l'unité entraîne celle de l'infini, et l'affirmation de l'infini entraîne celle de l'unité, parce que l'idée de deux infinis est contradictoire, puisque l'un limiterait l'autre sous le rapport de l'extension. Les autres propositions n'ont pas le même caractère. L'un est absolu, nécessaire et éternel; mais qu'il y ait plusieurs êtres dont l'existence soit éternelle, absolue et nécessaire, cela n'implique pas contradiction. Il résulterait de cette supposition que l'unité serait niée; mais on ne peut pas affirmer que ce qui est éternel doive être un, dans le même sens où on peut affirmer que l'infini est nécessairement un.

LE PROGRAMME DE LA PHILOSOPHIE

112. *Une philosophie complète se compose de trois parties : l'analyse, l'hypothèse et la synthèse.*

La connaissance d'un objet qui n'est pas absolument simple, suppose toujours une analyse et une synthèse. Supposons que je veuille me rendre compte de la composition et des mouvements d'une montre: Il faudra d'abord en séparer les pièces soit matériellement, soit au moins par un acte de ma pensée, et les considérer dans leur isolement. Il me faudra ensuite comprendre les rapports de ces pièces les unes avec les autres, tels qu'ils ont été établis par l'horloger en vue du but qu'il voulait atteindre. La séparation des pièces, c'est l'analyse de la montre ; leur réunion c'est la synthèse. Ces deux procédés se retrouvent dans toutes les sciences. Lavoisier avait défini la chimie comme étant la science de l'analyse ; M. Berthelot a fait observer avec raison que cette définition est incomplète. En effet le chimiste ne décompose pas seulement les corps naturels, mais il les recompose, et peut même, au moyen de certaines combinaisons, produire des corps que nous ne connaissons pas dans la nature. C'est pourquoi M. Berthelot a donné à l'un de ses ouvrages le nom de *Synthèse chimique*[1].

On a compris toujours, ou du moins presque toujours, que la philosophie, comme toute science, a une partie analytique et une partie synthétique. Condillac semble bien avoir pensé quelquefois que toutes les sciences peuvent sortir de la simple analyse des sensations, et un rationalisme absolu serait fondé sur la pensée que l'esprit humain peut procéder immédiatement à la synthèse, à l'aide des seules données de la raison. Mais, en dehors de ces vues extrêmes, on a toujours admis pour la philosophie la nécessité d'une certaine part de constatation des faits ou d'analyse; et la synthèse qui est faite par le moyen du raisonnement, est le but de toutes les tentatives scientifiques. Il est arrivé seulement que l'idée vraie de la science a été altérée sous l'influence du rationalisme et de l'empirisme (44) et qu'on a oublié l'intervention nécessaire de l'hypothèse entre les données de l'analyse et les constructions de la synthèse. Il est presque superflu de faire observer que reconnaître les trois parties de la philosophie ce n'est que tirer une conséquence immédiate de l'idée même de la science (14) et de la théorie de la méthode (45). L'analyse répond à

---

[1] Un volume de la Bibliothèque scientifique internationale de Germer Baillière, Paris 1876.

la constatation, et la synthèse seule permet de discerner la valeur des hypothèses qui lui servent de point de départ.

113. *L'analyse philosophique a pour but de distinguer les éléments dont le monde est composé.*
La logique de Port-Royal enseigne que la science doit chercher à déterminer les éléments simples des choses, ce qui, dans tous les ordres de connaissances, constitue l'analyse. Le chimiste cherche à déterminer les corps simples ; le physiologiste aspire à déterminer quels sont les tissus élémentaires et leurs propriétés ; le savant qui veut étudier les phénomènes sociaux est conduit à distinguer, autant qu'il le peut, les éléments de la société : la politique, la religion, les arts, l'industrie, etc. Pour le philosophe, c'est le monde dans sa totalité qui est l'objet de l'analyse (77). De là la nécessité d'une revue de toutes les sciences particulières. Le début d'une étude philosophique est donc une classification des sciences qui ne se borne pas à établir leur distinction à un point de vue simplement formel, mais qui indique leurs résultats généraux, c'est-à-dire les données que chacune de ces sciences fournit pour l'étude du problème universel. Il est bien à souhaiter que ce projet formé par Ampère (93) soit exécuté par un homme ayant les qualités nécessaires pour le réaliser convenablement. De tels hommes sont malheureusement rares. Ce travail suppose une foule de synthèses, puisque toute science particulière est nécessairement analytique

et synthétique à la fois ; mais, comme le but général du travail est d'arriver à discerner quels sont les vrais éléments de l'univers, je donne à cette première partie de la philosophie qui est la conséquence de sa généralité, le nom d'*analyse*.

Après la décomposition doit venir la recomposition ; après l'analyse la synthèse ; mais le principe de la synthèse ne ressort pas de la simple considération des faits, et il n'est pas donné *a priori* ; c'est ce qui rend l'hypothèse nécessaire.

114. *Le choix d'une hypothèse philosophique réclame une étude sommaire de l'histoire de la philosophie.*

Descartes, pour construire la science, a eu la prétention d'oublier tout ce qu'il avait su, de renoncer à toute étude des pensées de ses devanciers, afin de ne consulter que sa raison pure, sa raison toute nue. Cette prétention n'est pas justifiée (103). L'individualisme cartésien a pu être utile comme une réaction contre l'emploi abusif de l'autorité théologique et de l'autorité accordée aux textes d'Aristote ; mais Descartes, ayant un juste sentiment de l'indépendance de la philosophie, conclut à l'isolement là où il fallait seulement conclure à l'examen[1]. Le dédain de l'histoire des idées qui

---

[1] L'isolement de la pensée qui se sépare, ou croit se séparer, de toute donnée traditionnelle est bien le fond de la méthode de Descartes. Il lui arrive cependant d'émettre des vues plus justes lorsqu'il compare son procédé à celui d'un homme qui ayant une

devait naturellement se produire dans son école, peut avoir de fâcheuses conséquences. En effet, les diverses hypothèses philosophiques ont été l'objet de travaux considérables accomplis par des hommes de génie. Il n'est pas sage de négliger ces travaux qui peuvent éclairer d'une vive lumière la valeur de doctrines longuement élaborées. Sous ce rapport les philosophes dont l'histoire nous a conservé les doctrines peuvent être divisés en deux classes. Dans la première se rangent les inventeurs, ou initiateurs, qui ont introduit dans la science des germes de vérités qui demeurent. Tels sont entre autres Pythagore, Socrate, Platon, Aristote, Descartes, Leibniz, Kant. Dans la seconde classe figurent des logiciens à outrance, dont on ne peut pas dire qu'ils aient découvert des éléments de vérité, mais qui ont déduit avec une rigueur inflexible les conséquences de certains principes considérés d'une manière trop exclusive. Tels sont, par exemple, Parménide, Hobbes, Spinoza, Hume, Hegel. L'œuvre de ces hommes n'est point sans utilité. Elle projette une vive lumière sur les principes dont elle déroule les conséquences ; elle permet ainsi d'en apprécier la valeur, et elle amène des réactions de la

---

corbeille pleine de pommes et appréhendant qu'il n'y en ait de pourries, vide la corbeille pour reprendre seulement les pommes qui ne sont pas gâtées. Il demande que de même le philosophe rejette toutes les opinions qu'il a reçues pour reprendre seulement, après les avoir examinées, celles qu'il reconnaîtra vraies. L'indépendance de la pensée se manifeste alors, non par l'*isolement,* mais par l'*examen.* — Voir plus haut l'article 3.

pensée contre des théories dont le caractère absolu rend l'erreur manifeste ; mais cette œuvre n'entre pas dans le développement de la partie affirmative de la science. En faisant cette remarque, j'ai uniquement en vue la conception proprement systématique des philosophes et non point l'ensemble de leurs écrits. L'esprit d'un homme de génie est presque toujours plus grand que son système ; c'est pourquoi on peut rencontrer beaucoup de vues justes, importantes et fécondes dans les écrits de philosophes dont le système proprement dit est jugé faux. De ce qu'on repoussera la conception systématique de Spinoza, celle de Hobbes ou celle de Hegel, il ne résulte pas qu'on ne puisse trouver beaucoup de vérités utiles dans les œuvres de ces hommes célèbres. L'erreur de leur conception fondamentale n'empêche pas qu'ils ne puissent fournir un tribut de valeur pour la construction de la science.

L'histoire de la philosophie a donc une véritable importance pour la philosophie elle-même, puisqu'elle fait connaître les hypothèses proposées pour la solution du problème universel, et fournit un moyen d'apprécier ces hypothèses par leurs conséquences. Il n'en résulte pas qu'on puisse construire une philosophie avec l'histoire, comme l'entendait Victor Cousin, à l'époque où l'éclectisme était sa pensée dominante. Prendre la vérité partout où on la rencontre est un procédé qu'on ne saurait trop recommander ; mais un choix à faire suppose une règle d'appréciation qui ne saurait sortir des objets entre lesquels on choisit. Il est manifeste que pour réunir les rayons épars de la vérité, il faut avoir une idée plus ou moins distincte, mais réelle, du foyer dont les rayons émanent.

Lorsque la pensée est mise en présence des diverses hypothèses philosophiques possibles, elle peut faire un choix préalable, comme cela a lieu pour toutes les sciences, et elle doit procéder ensuite à une vérification plus complète par le moyen d'un essai de synthèse (56).

115. *La synthèse philosophique est un essai d'explication des données de l'analyse.*

De même que l'analyse philosophique a pour point de départ, non pas les faits dans tous leurs détails mais les résultats des sciences particulières, de même il suffira à la synthèse de rendre raison autant qu'elle pourra des résultats de ces sciences (87). Les sciences qui auront paru dans l'analyse pour la constatation des faits reparaîtront dans la synthèse avec les tentatives d'explication de leurs résultats généraux.

L'étude d'une classe particulière d'êtres, lorsqu'on veut la rendre aussi complète que possible, a une partie analytique, c'est-à-dire expérimentale, et une partie synthétique, c'est-à-dire rationnelle. Cette seconde partie d'une science particulière en constitue la philosophie. Prenons pour exemple la zoologie. Tout ce qui appartient à la description, à la classification des animaux, à la constatation de leurs fonctions, forme la partie expérimentale de la science. Les considérations relatives à la nature de la vie, à la place du règne animal dans l'ensemble du monde, aux rapports de finalité qui peuvent relier ce règne au monde inorganique et à l'humanité, tout cela ne pourra résulter que d'une conception philosophique. Ces deux parties de l'étude sont distinctes ; elles seront toutefois réunies si l'on se propose d'étudier tout ce qui concerne le règne animal.

Les résultats de la synthèse devant toujours être soumis au contrôle de l'observation, la synthèse constitue ainsi la vérification des hypothèses. Les conséquence des systèmes dans tous les ordres de choses forment une partie essentielle de leur appréciation (108). C'est pourquoi l'influence historique exercée par les diverses doctrines sur la science, sur la morale, sur la société, rentre dans les cadres de la synthèse.

Les déductions philosophiques n'ont pas une valeur directement certaine comme celles des mathématiques ; leur valeur est toujours conditionnelle. Si la déduction se trouve conforme aux faits, l'hypothèse dont elle part est justifiée, dans la mesure même de cette conformité. Si la déduction ne cadre pas avec les données de l'expérience, l'hypothèse dont elle part est reconnue fausse, en admettant que la déduction ait été bien faite, car l'hypothèse pourrait être vraie et la déduction fautive. Ces considérations résultent de ce que la philosophie est une science explicative qui se trouve dans les conditions de toutes les sciences de cet ordre. Eclaircissons ceci par des exemples. Supposons une détermination du principe premier ayant cette conséquence : le monde physique est organisé en vue des êtres vivants. C'est une thèse de finalité. Si l'on estime que la considération de la nature la justifie, il en résultera une présomption favorable pour le principe dont cette thèse aura été la conséquence. Supposons une détermination du principe premier dont il résulterait qu'il n'existe dans le monde aucun élément de liberté. C'est une thèse de classification. Si on pense avoir des raisons suffisantes pour affirmer l'existence d'un élément de liberté, la thèse sera déclarée fausse, et il en résultera une présomption défavorable au principe dont elle est la conséquence.

La différence des résultats de l'analyse et de ceux de la synthèse peut être rendue sensible au moyen d'une comparaison. Supposons un homme placé dans un local où il se trouve d'abord sans lumière, et qui l'explore au moyen du toucher; puis supposons que la lumière soit introduite dans ce local primitivement obscur. Les données du toucher seul peuvent être comparées à la connaissance simplement analytique et expérimentale; la lumière c'est l'explication qui résulte pour l'intelligence des vues synthétiques. Dans un local éclairé, il peut rester des portions obscures; et l'un des effets de la lumière est de rendre les ténèbres visibles. De même des explications scientifiques peuvent n'être pas complètes, et le développement même de la raison peut montrer des problèmes irrésolus et des mystères qui subsistent. Le reconnaître est la marque de la prudence et de la loyauté de la pensée ; croire expliqué ce qui ne l'est pas, est le danger des synthèses précipitées qui sont le résultat d'analyses incomplètes.

116. *La synthèse philosophique ne doit pas seulement expliquer ce qui est, mais aussi déterminer ce qui doit être.*

Une des vues les plus justes et les plus fécondes de Bacon est la pensée que la science doit être active, et que notre pouvoir répond à notre savoir. Sous ce rapport les prévisions du Chancelier d'Angleterre ont été glorieusement réalisées. La physique ne nous a pas seulement fourni l'explication des phénomènes naturels, elle nous a donné le moyen de mettre les forces de la nature à notre disposition, et elle a produit, par l'emploi de la vapeur et de l'électricité, les merveilles de l'industrie moderne.

Si l'analyse philosophique a constaté dans l'homme un élément de liberté, l'emploi de cette liberté soulève des questions relatives à ce qui doit être, et ces questions sont dans un rapport manifeste avec la détermination du principe premier (92). On verra donc apparaître dans la synthèse philosophique, si la liberté est admise à un degré quelconque, des considérations relatives, soit à la morale individuelle, soit à l'organisation de la société. Cette détermination de ce qui doit être, au sens moral des termes, est absolument différente de la prétention des systèmes qui n'admettent pas un élément de liberté dans le monde, et croient qu'il est possible de prévoir avec certitude ce qui sera. L'idée de ce qui doit être, c'est-à-dire de la règle légitime des volontés libres, et l'idée de ce qui sera nécessairement, par le développement d'un principe sans liberté, sont tout à fait distinctes. La première est le fondement de l'ordre moral dont la seconde est la directe négation.

L'AVENIR DE LA PHILOSOPHIE

Les prévisions que l'on peut former sur l'avenir de la philosophie doivent, pour être sérieuses, avoir pour base des considérations relatives à la nature de la recherche qui constitue cette science.

117. *La recherche philosophique est naturelle à l'esprit humain.*

Pour savoir ce qui est naturel, il ne suffit pas de considérer ce qui est actuel. Tout ce qui se produit dans le développement d'un être, sans pouvoir lui être transmis du dehors, mais par la manifestation de sa virtualité propre, lui est naturel et inné. Certains arbres des pays chauds vivent dans nos climats sans produire à l'ordinaire ni fleurs, ni fruits. Vient un été exceptionnellement chaud, ces arbres fleurissent. Ce n'est assurément pas la chaleur qui est la cause efficiente totale de leur floraison; elle est seulement la condition nécessaire pour que la nature propre de ces arbres se manifeste. De même, il est une partie considérable de l'humanité dans laquelle la philosophie n'existe pas à titre de recherche scientifique ; mais partout où la civilisation se développe, cette recherche paraît. Son éveil chez quelques-uns, sous la condition de circonstances favorables, prouve son existence virtuelle chez tous. Du reste, en dehors d'une culture intellectuelle intense, on trouve, sinon la philosophie sous sa forme propre, du moins son germe bien caractérisé. Les enfants font quelquefois des questions qui, lorsqu'on en étudie la portée, conduisent aux problèmes les plus profonds de la métaphysique. Les hautes curiosités de la pensée sont en général absolument étrangères aux populations sauvages ; il est cependant, dans ces degrés inférieurs de la civilisation, quelques individus qui sont comme les témoins de la vraie nature de l'esprit humain, nature dont le développement est étouffé chez presque tous leurs pareils par les préoccupations exclusives de la vie du corps. M. Casalis, par exemple, parle d'un Bassoutos qui se posait sur la cause générale des phénomènes du monde des questions douloureuses, disait-il, parce qu'il ne savait pas y répondre. Il parle d'un autre indigène qui déclara avoir souvent pleuré parce qu'il ne savait pas pourquoi le monde existe, d'où il était venu lui-même et où il allait[1]. Des faits de cette nature sont exceptionnels, comme le remarque M. Lubbock[2] ; mais c'est ici l'un des cas où l'on

---

[1] *Les Bassoutos* par E. Casalis, Paris 1859, pages 251 à 253.

[2] *Les origines de la civilisation* par sir John Lubbock, page 200 de la traduction française.

peut dire que l'exception rappelle et confirme la règle. L'idée de rechercher la cause du monde et ses destinées n'est pas une pensée que l'esprit humain puisse recevoir du dehors; il faut donc qu'il la produise par lui-même, et c'est tout ce que je veux dire en affirmant que la recherche philosophique est naturelle à l'esprit humain.

La question est de savoir si, tout en étant naturelle, cette recherche ne serait qu'un caractère transitoire, de même que la fleur n'a qu'une valeur transitoire relativement au fruit qu'elle a pour mission de produire. Les positivistes ne nient pas que la recherche philosophique soit naturelle à l'esprit humain; mais ils affirment qu'après s'être manifestée elle doit disparaître dans le développement régulier de la pensée, pour faire place à la science positive, c'est-à-dire à la simple coordination des faits. Cette affirmation sera légitimement repoussée si l'on peut justifier la thèse que voici :

118. *La question de la valeur de la philosophie est celle de la valeur de la raison.*

La valeur de la raison est le postulat général de toutes les sciences. Or la philosophie ne fait que prolonger les lignes des sciences particulières; elle est l'esprit de la science prenant conscience de lui-même (89). Si la tendance naturelle de la pensée vers l'unité ne prouve pas l'existence de cette unité, la raison est mal organisée, et si la raison est mal organisée, le fondement de toute science est renversé. Si l'univers est intelligible, il doit l'être à partir de la conception d'une unité primitive. Pour maintenir ces considérations dans leurs justes limites, il faut éviter de confondre deux idées distinctes : la valeur de la raison, entendue en ce sens qu'elle nous rend l'univers intelligible, et l'affirmation que la pensée humaine a l'intuition directe de principes qui auraient une existence nécessaire, dans le sens absolu de ce terme. L'idée de la nécessité pour notre pensée et celle de la nécessité en soi doivent toujours être soigneusement distinguées. L'expérience et la raison s'accordent lorsque nous avons découvert la vérité; il y a harmonie entre notre pensée et les faits : voilà ce qui rend la science possible. Au delà nous ne savons rien; nous ne pouvons rien savoir; nous ne pouvons même rien chercher.

119. *Les oppositions à la recherche philosophique sont toujours suivies d'une réaction en sa faveur.*

Les crises de doute sont utiles et même nécessaires, en tant que le doute porte sur les constructions scientifiques de la pensée, et non pas sur l'existence de la vérité. Mais ce doute, qui est la condition de l'examen, c'est-à-dire la condition des progrès de la science, s'attaque-t-il, non pas à tel ou tel système, mais à la possiblité de la philosophie, il est toujours suivi d'une réaction. On peut même dire que l'histoire offre à cet égard une application de la loi mécanique de l'égalité de la réaction à l'action. Plus l'opposition à la recherche philosophique se manifeste avec énergie, et plus est énergique aussi l'effort intellectuel qui lui succède. Après les luttes prolongées de l'école de Thalès et de celle de Pythagore, on voit apparaître les sophistes grecs. L'œuvre de Socrate est une réaction contre la sophistique. Cette réaction, produite chez Socrate lui-même par le bon sens et le sentiment moral, ne tarde pas à se développer dans les travaux des métaphysiciens sortis de son école, et l'on voit apparaître le splendide développement de la philosophie grecque. Après la période du moyen-âge et les tentatives plus ou moins incohérentes des constructions scientifiques qui caractérisent l'époque de la renaissance, l'esprit de doute se répand; le scepticisme apparaît comme le dernier terme du mouvement intellectuel du XVIme siècle, et le : que sais-je? de Montaigne devient la parole à la mode dans le monde des lettrés. C'est alors que Descartes paraît, et pose quelques-uns des fondements les plus solides de la science moderne. Kant intervient dans la grande lutte qui se rattache aux noms de Leibniz et de Locke. Il rend à l'esprit humain des services de premier ordre; mais sa doctrine est une renonciation à la recherche philosophique entendue comme un essai de détermination rationnelle du principe de l'univers. A cette action puissante succède une réaction d'une intensité extraordinaire. Au criticisme Kantien succède la période d'une audace intellectuelle presque sans égale qui aboutit, en passant par Fichte et Schelling, à l'œuvre de Hegel. Le positivisme d'Auguste Comte était la négation directe de la valeur de la philosophie. Beaucoup ont cru, sur sa parole et sous l'influence de l'esprit du siècle, que la science générale était morte ; des naturalistes, des historiens, des savants spéciaux, songeaient à se partager ses dépouilles. Dans ce cas encore on a vu se réaliser la pensée exprimée dans un vers du poète Destouches :

« Chassez le naturel, il revient au galop. »

Auguste Comte n'a pas réussi à maintenir lui-même sa pensée dans les cadres du programme officiel de sa doctrine, et il n'avait pas disparu depuis longtemps de la scène du monde, que la pensée spéculative avait repris un vigoureux élan. La philosophie a reparu, et non seulement elle a reparu dans des écrits spéciaux, mais elle s'est insinuée à haute dose dans les travaux des physiciens et des naturalistes. Il suffit de constater le fait que la doctrine du transformisme, née sur les terres de la biologie, est devenue pour un grand nombre d'esprits la théorie de l'évolution, qui est pour ses adeptes la solution du problème universel. La renaissance de l'esprit philosophique se manifeste souvent aujourd'hui sous la forme du matérialisme qui est une philosophie dont la réapparition éclatante, après le triomphe momentané du positivisme, est l'un des exemples de cette réaction en faveur des recherches spéculatives produite par les tentatives de limitation de la pensée.

120. *Les adversaires de la philosophie sont presque toujours conduits par les tendances de la raison à émettre les thèses d'une philosophie inconsciente.*

La philosophie a des adversaires de deux espèces : des partisans de la tradition religieuse qui condamnent les recherches de la raison, et des positivistes qui nient la valeur des recherches qui dépassent l'expérience. C'est de ces derniers seulement que l'objet de mon travail m'appelle à m'occuper ici.

Il ne s'agit pas de discuter un point de doctrine, mais de produire un fait. Ce fait est que les adversaires de la philosophie se trouvent être des philosophes sans le savoir et sans le vouloir. Puisqu'il s'agit d'un fait, la démonstration ne peut se faire que par des exemples. Pour bien comprendre ces exemples, il faut se rendre compte du procédé qu'emploient les écrivains que j'ai en vue ; le voici :

Ils posent d'abord leur thèse : La philosophie est impossible, la philosophie au sens ancien et traditionnel du mot. L'homme peut coordonner les faits de son expérience ; au delà, il ne sait rien. Quand le savant a reconnu l'enchaînement des mouvements de la matière dans la nature, des actions humaines dans l'histoire, il est au bout de la science réelle. La cause du monde et son but, l'infini, l'éternel, le nécessaire constituent un domaine inaccessible. A cet égard, nous ne pouvons rien nier, rien affirmer ; c'est le royaume des ténèbres. Voilà la position primitive de la pensée, position de doute, aveu d'ignorance, modestie complète de l'esprit. La doctrine ainsi formulée subit deux transformations successives :

Première transformation : Affirmer qu'au delà du monde de l'expérience il n'existe rien. Vous notez la différence. La doctrine primitive est : au delà du monde de l'expérience, nous ne savons rien ; c'est le doute. Au delà du monde de l'expérience, il n'existe rien ; c'est la négation. Exemple : « Je n'ai jamais expérimenté d'intelligences supérieures à l'homme, par conséquent j'ignore absolument s'il existe des intelligences supérieures à l'homme. » Voilà la doctrine dans sa première forme. « Il n'existe aucune intelligence supérieure à l'homme; » voilà la doctrine transformée ; le doute est remplacé par la négation.

Deuxième transformation : Affirmer des objets de l'expérience les idées de la raison qui s'imposent à la pensée, et qu'on emploie sans avoir reconnu leur valeur et leur portée. On arrive alors à dire : La matière est éternelle, le monde est infini, les lois de la nature sont nécessaires. Ce sont là, comme il est facile de le reconnaître, des thèses métaphysiques dans lesquelles les idées de la raison sont appliquées à l'objet de l'expérience. Ces affirmations prennent la place des négations qui avaient remplacé le doute primitif.

Il importe de se rendre attentif à cette double transformation qui est la clef de ce qu'on appelle parfois la science moderne. Doctrine primitive : le doute pour ce qui passe l'expérience. Le doute couvre une négation qui, en se dévoilant, amène la première transformation de la doctrine. La négation couvre l'affirmation que l'objet de l'expérience a les caractères de l'éternité, de la nécessité ; et cette affirmation, en se montrant au jour, amène la deuxième transformation de la doctrine, qui devient une métaphysique puisqu'elle fait usage des concepts de l'infini, de l'éternel, du nécessaire.

Tel est le procédé des adversaires contemporains de la philosophie. Ils nient la valeur des idées de la raison et s'en croient affranchis ; mais l'homme étant métaphysicien, d'une manière essentielle et permanente, les idées dont ils se croient affranchis continuent à résider dans leur esprit, et cherchent, comme la colombe de l'arche, un lieu où elles puissent se poser. La tentative pour limiter la pensée aux données de l'expérience n'a dès lors d'autre résultat que de faire affirmer des objets de l'expérience leur existence éternelle et leur caractère de nécessité. La métaphysique, chassée de sa place légitime, rentre indûment dans l'édifice de la science par une porte dérobée et basse.

J'ai constaté le fait dans une série d'assez nombreux exemples [1] ; je me bornerai à en reproduire ici deux des plus significatifs :

Dans ses *Paroles de philosophie positive* [2] M.

---

[1] Voir les Adversaires de la philosophie dans la *Revue chrétienne*. Janvier, mars et avril 1869.

[2] Brochure in-8º, Paris. Adolphe Delahays, 1859.

Littré s'exprime ainsi à la page 33 : « La philoso-
« phie positive ne nie rien, n'affirme rien (au sujet
« des causes premières et des causes finales); car
« nier ou affirmer, ce serait déclarer que l'on a une
« connaissance quelconque de l'origine des êtres
« et de leur fin... Nous ne savons rien sur la cause
« de l'univers et des habitants qu'il renferme... La
« philosophie positive ne s'occupe ni des commen-
« cements de l'univers, si l'univers a des com-
« mencements, ni de ce qui arrive aux êtres vivants,
« plantes, animaux, hommes, après leur mort ou à
« la consommation des siècles, s'il y a une consom-
« mation des siècles. Permis à chacun de se figurer
« cela comme il voudra ; aucun obstacle n'empêche
« celui qui s'y complaît de rêver sur ce passé et sur
« cet avenir. »

Même publication, page 30 : « En dépit de quel-
« ques apparences, la philosophie positive n'accepte
« pas l'athéisme. A le bien prendre, l'athée n'est
« point un esprit véritablement émancipé; c'est
« encore, à sa manière, un théologien ; il a son
« explication de l'essence des choses. »

Même publication, page 16 : l'auteur explique
que lorsqu'on a accepté le point de vue positiviste,
« il ne reste plus que ce qui se nomme en science
« une loi, c'est-à-dire une condition dernière, un
« fait primordial au-delà duquel on ne peut aller. »
Toute la science se réduit à connaître la loi de
succession des faits : c'est la thèse commune aux
adversaires de la philosophie. Mais il importe de
remarquer qu'entre un fait et la loi qui l'exprime

se place une idée qui ne procède pas de l'expérience, l'idée de la fixité de l'enchaînement des phénomènes, car des phénomènes dont l'enchaînement n'aurait rien de régulier ne pourraient être exprimés par des lois, de même que des êtres qui ne présenteraient aucun caractère commun ne pourraient être réunis dans des classes. L'induction, qui est le procédé essentiel des sciences expérimentales, suppose que, dans les mêmes circonstances, un même fait se produit partout et toujours. La physique n'existerait plus si le physicien admettait que, toutes les circonstances étant identiques, la chaleur pourrait se comporter autrement l'an prochain que l'année présente, ou que la réfraction des rayons lumineux n'a pas lieu dans la sphère de la lune comme dans celle de la terre. M. Claude Bernard a insisté sur l'idée que la fixité des lois ou, comme il le dit, le déterminisme, est l'axiome des sciences de la nature et que c'est pour l'expérimentateur une certitude *a priori*.[1] Cela est incontestablement vrai pour la physique, et, d'une manière générale, pour toute science qui présuppose l'inertie de son objet. Si la fixité des lois est, dans la science de la nature, un élément *a priori,* il y a dans notre science de la nature une part qui n'appartient pas à l'observation des faits, mais à l'esprit humain. C'est l'esprit humain qui porte en soi les notions du nécessaire, de l'éternel, et qui les applique d'une

---

[1] Voir, en particulier, les pages 91, 94 et 95 de l'*Introduction à l'étude de la médecine expérimentale.*

manière qui doit demeurer soumise au contrôle de la raison. Voilà la porte ouverte à la philosophie. M. Littré voit cette porte et s'empresse de la fermer. Il n'admet pas que nous puissions affirmer jamais ni la nécessité, ni l'universalité, et n'admet pas, comme une donnée scientifique, la constance des lois de la nature. « La connaissance certaine ne « s'acquérant que par l'expérience, ne peut jamais « prendre le caractère de nécessité, d'universalité. « Nécessité, universalité, qui d'ailleurs sont des « formules de l'absolu, n'appartiennent pas aux « conceptions humaines.[1] » L'auteur s'explique par un exemple, en disant que nous ne pouvons affirmer la loi de la gravitation que dans les limites de notre expérience. M. Stuart Mill, développant le même point de vue, dit qu'un homme habitué à l'abstraction ne trouverait pas de difficulté à concevoir que, dans une partie du monde, « les événements puissent se succéder au hasard, sans aucune loi fixe; » et il ajoute : « Rien, ni dans notre expé-« rience, ni dans notre constitution mentale, ne « nous fournit une raison suffisante, ni même une « raison quelconque pour croire que cela n'a lieu « nulle part[2]. » Voilà l'expression la plus avancée du positivisme. Non seulement nous ne savons rien au-delà des lois, mais nous ne pouvons affirmer les lois que dans les limites précises de notre expé-

---

[1] *Journal des Débats*, du 6 février 1866.
[2] *Le positivisme anglais*, étude sur Stuart Mill, par H. Taine pages 102 à 103.

rience. On ne peut accepter cette manière de voir qu'en négligeant une réflexion fort simple. Toutes nos expériences présupposent la fixité des lois, en sorte que l'idée de la fixité des lois étant supprimée, la valeur de l'expérience disparaît. Admettons, par exemple, que la communication de la lumière soit régie dans la sphère des étoiles fixes par d'autres lois que celles que nous connaissons, toute l'astronomie est ébranlée. Si les lois ne peuvent être affirmées que dans la sphère de notre expérience, notre expérience est renfermée dans nos perceptions immédiates. Nous ne savons même rien, à proprement parler, que ce que nous touchons, car toute observation où intervient la vue suppose la fixité des lois de la lumière. Nos lois sans doute ne sont confirmées que par l'expérience; mais sans le principe de la constance des lois, base de l'induction, il n'y a plus de science expérimentale. Laissez-nous en présence des phénomènes, sans aucun élément *a priori*, le monde, comme l'a fort bien dit M. Taine, ne sera plus pour nous « qu'un simple monceau de faits[1]. » Sans prolonger cette discussion, il suffit de constater que personne plus et mieux que M. Littré n'a précisé la prétention de rester dans le pur domaine de l'expérience, sans rien affirmer et sans rien nier de ce qui la dépasse, puisque non seulement il réduit toute notre science aux lois, mais qu'il nous interdit d'affirmer le caractère général de ces lois. Mais cet auteur ne réussit pas à enfermer sa pensée

---

[1] Ibidem, page 105.

dans le cadre officiel de sa doctrine. Sa déclaration d'ignorance, l'une des plus accentuées qu'on puisse rencontrer dans les annales de l'esprit humain, se transforme en négation ; rien de plus facile à constater. *Paroles de philosophie positive,* page 34 : « La transcendance, c'est la théologie ou la métaphysique, expliquant l'univers par des causes qui sont en dehors de lui. » — *Auguste Comte et la philosophie positive*[1], page 570 : « L'état théologique est celui où l'esprit humain conçoit que les phénomènes sont l'œuvre de volontés, ou si le développement social est arrivé au monothéisme, d'une seule volonté. » Il n'y a qu'à lire ces déclarations à la place qu'elles occupent pour voir que, dans la pensée de l'écrivain, la transcendance est une erreur, et la conception de volontés qui régissent les phénomènes une doctrine fausse. Il passe donc du doute à la négation, c'est la première transformation de la doctrine.

Ce point a été établi solidement, et avec abondance de preuves, dans la préface dont M. Charles crétan a enrichi sa deuxième édition de la *Philosophie de la liberté*[2]. M. Secrétan signale dans l'œuvre de M. Littré, « la confusion entre le doute critique et la négation dogmatisante » ; il met à nu le procédé qui consiste à « attribuer à l'ignorance

---

[1] Un volume in-8º. Paris, Hachette 1863.

[2] *La philosophie de la liberté,* par Charles Secrétan. — L'Idée. — Seconde édition, 1 vol. in-12. Paris, Auguste Durand 1866. Voir les pages XLVIII et XLIX.

de ce qui est les droits qu'aurait la connaissance de ce qui n'est pas », en sorte qu'on connaît assez pour nier l'existence de ce qu'on dit ne connaître en aucune manière. Les développements dans lesquels entre M. Secrétan suffisaient pour justifier ses affirmations. Mais il s'est produit, depuis la publication de son ouvrage, un incident qui ajoute de nouvelles preuves à celles qu'on possédait déjà. M. Littré avait écrit, nous l'avons vu, en parlant des causes premières et de la fin des choses : « Permis à chacun de se figurer cela comme il voudra ». M. Stuart Mill, usant de cette permission, qu'il n'avait du reste pas besoin de recevoir de personne, a affirmé que le mode positif de penser n'est pas nécessairement une négation du surnaturel [1]. Il observe très judicieusement que « si l'univers a eu un com-
« mencement, le commencement, par les condi-
« tions même du cas, fut surnaturel, les lois de
« la nature ne pouvant rendre compte de leur pro-
« pre origine. » Enfin il conclut que, pourvu qu'on admette l'existence de lois fixes qui ne souffrent de dérogations d'aucune sorte, on peut être positiviste et admettre « la croyance que l'univers fut
« créé, et même qu'il est continuellement gou-
« verné par une intelligence. » En présence de cette déclaration, M. Littré a retiré la permission qu'il avait accordée. « Il ne faut pas, dit-il [2], considérer le

---

[1] *Auguste Comte et Stuart Mill*, par Littré. Brochure in-8º. Paris, Germer Baillière, 1867, page 49.

[2] Ibidem, page 52.

« philosophe positif comme si, traitant uniquement
« des causes secondes, *il laissait libre de penser
« ce qu'on veut des causes premières :* non, il ne
« laisse là-dessus aucune liberté, sa détermination est
« précise, catégorique... il déclare les causes premiè-
« res inconnues. » Les causes premières sont *inco-
gnoscibles,* et doivent être par conséquent élimi-
nées de la pensée de l'homme. Un disciple russe de
M. Littré, M. Wyrouboff, qui écrit sous les auspices
de son maître, nous apprend que « le régime scienti-
« fique ne peut pas accepter les causes premières,
« non seulement sous forme de doctrine, mais même
« sous forme de croyance. » L'erreur de M. Stuart
Mill qui « tolère les causes premières » est déclarée
« capitale [1] ». Si l'on s'arrête à la lettre de ces déclarations, les causes premières ne sont pas niées, il
est seulement défendu de croire à leur existence :
c'est la doctrine officielle, le doute. Mais ce qu'il est
défendu d'affirmer est bien près d'être nié ; et le
positivisme, quoiqu'il s'en défende, nie bien réelle-
ment. Si l'on conservait le moindre doute à cet égard
ce doute serait promptement dissipé par l'étude des
affirmations qui viennent prendre la place des négations qui ont pris la place de l'ignorance.

M. Wyrouboff le déclare explicitement : la philosophie positive affirme. « Elle substitue au dogme
ancien un dogme à elle, un dogme nouveau. [2] »

---

[1] *Auguste Comte et Stuart Mill,* par Littré. Appendice de
M. Wyrouboff, pages 64 à 84.

[2] Ibidem, page 62.

Quel est ce dogme ? Cherchons à le constater, non dans les écrits du disciple, ce qui rendrait la tâche trop facile, mais dans ceux du maître. Je rouvre les *Paroles de philosophie positive* à la page 34 et j'y lis : « L'univers nous apparaît présentement « comme un ensemble ayant ses causes en lui-même, « causes que nous nommons ses lois... L'immanence, « c'est la science expliquant l'univers par des causes « qui sont en lui... L'immanence est directement « infinie, car, laissant les types et les figures, elle « nous met sans intermédiaire en rapport avec les « éternels moteurs d'un univers illimité, et découvre « à la pensée stupéfaite et ravie les mondes portés « sur l'abîme de l'espace, et la vie portée sur l'abîme « du temps. » Voilà le dogme nouveau : l'immanence, l'affirmation que le monde est éternel, infini, et, à l'exclusion de toute conception de Dieu, a ses causes en lui-même. C'est à la page 33 que nous avons lu « la philosophie positive ne nie rien, n'affirme rien, » et voici qu'à la page 34, M. Littré, après avoir proscrit, sous le nom de transcendance, l'explication de l'univers par des causes qui sont hors de lui, affirme que l'univers a ses causes en lui-même. Nous avons lu, à la page 16, que la science ne connaît que des lois, et voici que les lois sont déclarées être des causes. Nous avons lu dans le *Journal des Débats,* que l'esprit humain ne peut atteindre aucune conception absolue; et voici que l'univers est déclaré infini et ses moteurs éternels. Nous avons lu que la connaissance ne s'acquiert que par l'expérience, et voici que l'auteur emploie les idées de l'infini et de l'éternel qu'aucune expérience sans doute n'a pu lui fournir. On ne saurait plus clairement faire de la métaphysique tout en niant la métaphysique. Il est étrange qu'un homme de la force de M. Littré ait pu employer le terme *immanence* sans que ce mot lui ait donné immédiatement l'éveil. La langue française, en effet, ne renferme pas de terme plus essentiellement métaphysique. Proscrire la métaphysique et affirmer l'immanence est une contradiction qui se révèle immédiatement dans le rapprochement des termes. M. Littré croit être émancipé et il ne l'est pas ; il produit un système, un peu à la dérobée il est vrai, mais enfin il produit un système de la nature des choses ; il est resté théologien à sa manière et malgré lui ; c'est tout ce que je voulais montrer et démontrer.

Bien d'autres exemples analogues à celui de M. Littré conduisent à la même conclusion : Les adversaires de la philosophie contredisent leurs préceptes par leur exemple. Comme ils veulent limiter leur pensée à l'expérience immédiate, et qu'ils ne peuvent pas détruire dans leur propre esprit les idées supérieures de la raison, il en résulte que, sans s'en rendre compte, et d'une manière confuse, ils appliquent les idées de la raison à l'objet de l'expérience. Ils attribuent donc au relatif les caractères de l'absolu, au contingent les caractères de la nécessité, aux phénomènes temporaires les caractères de l'éternité, au monde les attributs de Dieu, et ils couvrent ces confusions d'idées du manteau de la méthode expérimentale, manteau qu'ils ne cessent de trouer sans s'en apercevoir. Si nous disions à ces écrivains : Puisque vous entreprenez d'expliquer l'univers, ne conviendrait-il pas de vous rendre compte des conditions du problème universel ? Puisque vous faites usage des notions du nécessaire, de l'éternel, de l'infini, ne faudrait-il pas prendre la peine de les étudier avec soin, c'est-à-dire d'accorder à la métaphysique, dans le tableau des connaissances humaines, la place que vous lui refusez ? Avant d'identifier les causes aux lois, voudriez-vous examiner si les deux idées de la cause et de la loi peuvent être identifiées sans pécher gravement contre les préceptes les plus clairs et les plus légitimes de la logique ? Avant d'user des notions de l'éternel, de l'immuable et du nécessaire dans l'explication expérimentale du monde, ne serait-il pas à propos d'examiner si l'emploi de ces notions est compatible avec la méthode qui réduit tout le savoir humain à constater la succession des phénomènes ? D'une manière générale, avant de faire usage des idées qui se révèlent à la raison et qui par leur propre nature dépassent l'expérience, ne conviendrait-il pas d'en faire une étude spéciale, c'est-à-dire de reconnaître l'existence et les droits de la philosophie ?

Si nous parlions ainsi, on nous répondrait : « Pas de métaphysique ! Nous ne voulons pas sortir de l'observation », et l'on continuerait à dire :

Nous ne nous occupons point des causes ; c'est pourquoi nous affirmons que le monde a ses causes en lui-même.

Nous ne pouvons avoir aucune idée de l'éternel et de l'infini; c'est pourquoi nous affirmons que le monde est éternel et infini.

Notre savoir ne va pas au-delà de l'expérience; c'est pourquoi nous déclarons que les lois de la nature sont nécessaires.

Faire de la philosophie et dire qu'on n'en fait pas; proscrire les systèmes et couvrir du manteau de l'expérience les germes ou les débris de systèmes fort caractérisés; se donner pour de purs observateurs et ne pas vouloir observer les idées; ce procédé peut être commode, mais il est peu conforme aux exigences d'une pensée sérieusement scientifique.

Après nous être occupés de M. Littré, passons à son maître Auguste Comte. Cet exemple offre des caractères spéciaux. On n'y trouvera pas, comme dans plusieurs autres, la contradiction immédiate d'écrivains qui, dans le même livre, parfois dans la même page, nient la métaphysique et font de la métaphysique; mais un phénomène analogue s'offre à l'étude dans des conditions profondément instructives.

Auguste Comte est un homme auquel, en rabattant beaucoup de la valeur qu'il s'accorde à lui-même, on doit attribuer une valeur grande encore. Il a réussi, mieux que tout autre, à réaliser les conditions de ce qu'on appelle parfois l'esprit moderne. Il a parfaitement saisi la direction d'un des courants principaux de la pensée contemporaine, et il se livre à ce courant avec une entière conviction : de là sa puissance.

Il annonça dans la première leçon de son cours public, en avril 1826, qu'il avait fait une grande découverte ; il était plein de cet enthousiasme réfléchi qui caractérise les fortes natures intellectuelles. Sa découverte, c'est que l'homme n'est religieux et philosophe que d'une manière transitoire. La théologie et la métaphysique sont les degrés de l'échelle qu'il faut monter pour arriver à la science pure, qui renonce à toute idée de cause et de but, d'infini et d'éternel, pour s'en tenir strictement aux lois. Il s'agit en particulier de purger l'esprit humain de toute idée relative à l'intervention de volontés dans l'explication de l'univers. Auguste Comte sent bien que son positivisme est la négation de la philosophie au sens traditionnel de ce mot. C'est pourquoi, en désignant l'ensemble de ses travaux sous le titre de *philosophie positive*, il donne l'explication que voici : « Je regrette d'avoir été obligé d'adopter, « à défaut de tout autre, un terme comme celui de « *philosophie*, qui a été si abusivement employé « dans une multitude d'acceptions diverses. Mais « l'adjectif *positive* par lequel j'en modifie le sens, « me paraît suffire pour faire disparaître, même au « premier abord, toute équivoque essentielle, chez « ceux du moins qui en connaissent bien la valeur. » Et il précise la valeur du terme en disant que la science a pour objet « la coordination des faits observés » à l'exclusion de toute idée relative à des volontés conçues comme la cause des phénomènes (théologie), ou à des entités abstraites qui seraient la raison d'être des faits (métaphysique) [1]. Or, comme des idées religieuses ou métaphysiques ont toujours été le fond de la philosophie pour tous ceux qui la considèrent comme une science réelle, le positivisme est bien, de l'aveu de son fondateur, la négation directe de la philosophie. Tel est Auguste Comte au début de son enseignement.

A la fin de sa carrière, il apparaît avec une autre figure, ou, pour le moins, sous d'autres habits. Il occupe à Paris la position de grand prêtre de l'humanité ; il dirige une Eglise, administre les sacrements, bénit des mariages, fait un calendrier, et fonde pour l'entretien du culte nouveau un subside sacerdotal dont nous avons les comptes [2].

Cette transformation du positivisme en religion a amené un déchirement dans l'école. Il s'est formé deux partis, dont l'un a suivi le maître jusqu'au bout, tandis que l'autre a voulu rester dans la science, sans aller au culte. A la tête du parti scientifique a marché M. Littré. Nous trouvons dans l'autre parti le docteur Robinet, un des treize exécuteurs testamentaires d'Auguste Comte.

Voici comment le docteur Robinet s'exprime aux pages 380 et 381 de sa *Notice sur Auguste Comte* :

---

[1] *Cours de philosophie positive.* Tome I. Avertissement.

[2] *Notice sur l'œuvre et sur la vie d'Auguste Comte*, par le docteur Robinet, son médecin et l'un de ses treize exécuteurs testamentaires. 1 vol. in-8°, Paris, octobre 1860. (72ᵉ année de la grande révolution) page 597.

« La foi positiviste enseigne que l'homme comme
« la société deviennent de plus en plus religieux,
« c'est-à-dire sympathiques, synthétiques et syner-
« giques. Le jugement opposé, inspiré par l'orgueil
« révolutionnaire et par la sécheresse académique[1],
« peut rester l'opinion de quelques natures scep-
« tiques, de quelques âmes étroites et refroidies,
« mais il n'est point l'expression du vrai. » La lutte
est acerbe, comme on le voit. Voici précisément le
point en discussion : M. Robinet et ses confrères disent : « Toute l'œuvre d'Auguste Comte aboutit à sa
religion ». M. Littré et ses adhérents disent : « A la
fin de sa vie, M. Comte a renoncé à sa méthode ;
nous nous séparons de lui dès qu'il fonde une religion ! » Qui a raison ? Dans l'œuvre de Comte y
a-t-il développement, y a-t-il contradiction ?

Le 27 juin 1845, Auguste Comte écrit à M. Stuart
Mill qu'il vient de passer par une grave maladie
nerveuse sur laquelle il aura des détails très inté-
ressants à lui fournir[2]. C'est à dater de ce moment
qu'il entre ostensiblement dans la voie religieuse.
M. Littré fournit trois explications de ce phénomène. La première est que Comte devenait vieux,
et que, lorsqu'on vieillit, les souvenirs d'enfance
reprennent un grand empire.

---

[1] M. Littré était vivant et membre de l'Institut, lors de la publication du docteur Robinet.

[2] *Auguste Comte et la philosophie*, par M.-E. Littré. 1 vol. in-8º.
Paris, Hachette 1863. Page 581.

« Convertissez le sauvage idolâtre ;

Près de mourir, il retourne à ses dieux, »

dit Béranger[1].

La seconde raison est que la maladie d'Auguste Comte a produit une secousse mentale, et que l'effet des secousses mentales n'est pas avantageux pour le sain développement de l'intelligence. La troisième raison est qu'Auguste Comte était devenu amoureux. Auguste Comte, en effet, fut saisi d'une passion vertueuse pour Madame Clotilde de Vaux, passion qui a fortement agi sur sa pensée, en lui faisant accorder une large part aux faits du sentiment. Madame Clotilde de Vaux mourut très peu de temps après la naissance de la flamme qu'elle avait allumée, et cette circonstance n'améliora pas la situation intellectuelle de son ami. En résumé, M. Littré, avec de grands ménagements pour son vieux maître, donne à entendre que ce maître, à la fin de sa carrière, avait un peu perdu la tête, et que ses idées religieuses trouvent là une explication naturelle.

On ne peut pas contredire absolument cette manière de voir ; mais les phénomènes qui se sont produits dans l'esprit d'Auguste Comte méritent une étude attentive, et peuvent fournir des renseignements fort utiles. Il s'agit en effet du fondateur du positivisme, de l'homme dont tous, ou presque tous les adversaires de la philosophie, ont subi l'influence.

---

[1] La Nostalgie.

Quand M. Littré et beaucoup d'autres écrivains ont passé de l'affirmation que nous ne savons rien au-delà de l'expérience à la négation de la réalité de tout ce qui la dépasse, et enfin à l'application des idées transcendantes de la raison aux données expérimentales, il n'ont fait que suivre l'impulsion donnée aux esprits par l'auteur de la *Philosophie positive*. Il est donc fort important de constater que cet auteur n'a nullement réussi à demeurer fidèle à son programme. Que s'est-il passé dans son esprit ? Son point de départ était la réduction de la science aux lois, à l'exclusion des causes, et par conséquent des volontés. Les lois ne sont que la formule rationnelle de la succession des phénomènes. Quand vous dites qu'un homme passe tous les matins à telle heure devant telle maison, vous formulez la loi de son passage; mais vous n'entendez pas que cette loi qui exprime les mouvements de cet homme rende raison de leur cause. Quand M. Littré dit que les lois sont des causes, il tombe dans une confusion majeure; et cette confusion a pour origine le besoin qu'a l'esprit humain de concevoir les causes. Cette nécessité de la pensée s'éveilla chez Auguste Comte et se traduisit par un retour à la métaphysique qu'il avait voulu proscrire. Il reconnut que l'intelligence ne saurait se passer des causes; et, ne tombant pas dans la confusion d'idées de M. Littré, il chercha les causes en dehors des lois; il remonta ainsi du positivisme à la philosophie. Il entrevit même une vérité capitale qui tend à se dégager toujours plus clairement des travaux de la spéculation moderne;

c'est que les causes initiales des phénomènes, les seules causes primitives, sont des volontés. « Dans « les conceptions de la fin de sa vie, M. Comte « confesse ouvertement que l'esprit humain ne peut « se passer de croire à des volontés. » M. Littré, en nous fournissant ce renseignement, reconnaît, avec une loyauté parfaite, « que jamais n'a été fait aveu plus mortel à la philosophie positive, » puisque cet aveu renferme l'affirmation que l'homme est nécessairement métaphysicien et même théologien, tandis que l'affirmation fondamentale du positivisme est qu'il n'est théologien et métaphysicien que transitoirement[1]. Nous apprenons même par M. de Lombrail que, ainsi que je l'ai déjà rappelé, Comte avait exprimé sa pensée dans un vers alexandrin qu'il donnait pour maxime :

« Pour compléter les lois, il faut des volontés[2]. »

La considération pure de la loi exclut la recherche de la cause finale, en même temps que celle de la cause efficiente ; mais dès que nous sommes en présence d'une volonté, nous demandons naturellement quel est le but de ses actions. La recherche de la cause finale reparaît dès que la considération de la cause efficiente est acceptée. Comte obéit encore à cette nécessité de la pensée. Il nous dit : « La « sagesse finale institue la synergie d'après une

---

[1] *Auguste Comte et la philosophie positive*, page 578.
[2] *Aperçus généraux sur la doctrine positiviste*. 1 vol. in-12. Paris, Capelle, 1858, page 44.

« sagesse fondée sur la sympathie, en concevant
« toute activité dirigée par l'amour vers l'harmonie
« universelle[1]. » Ces paroles ont besoin d'être interprétées. Je ne veux pas les traduire moi-même ;
voici la traduction de M. Littré : « Cette phrase si-
« gnifie que tout ce qui se fait est dirigé vers l'har-
« monie universelle par l'amour[2]. »

Comte est donc revenu à la métaphysique par la
considération des causes. Il entre dans une voie
métaphysique déterminée en affirmant que les causes sont des volontés ; et, comme l'idée d'un but
est inséparable de l'idée d'une volonté, il voit dans
l'harmonie universelle le but de la volonté suprême
et dans l'amour son mobile. Voilà la porte grande
ouverte pour passer de la métaphysique à la religion. Comte franchit hardiment le passage. Un
culte est institué, et la réalisation de l'amour universel est posée comme le fondement de la morale.
L'effet de la religion vraie est que « l'altruisme tend
à dominer l'égoïsme[3]. » *Vivre pour autrui,* nous
dit M. Ravaisson, était la devise d'Auguste Comte,
dans ses dernières années ; la chevalerie du moyen
âge était son idéal [4].

Ici M. Littré est saisi d'une douleur que je comprends sans la partager. Nous voici bien loin du

---

[1] *Synthèse subjective.* Un vol. in-8°. Paris, chez l'auteur, 10 rue Monsieur-le-Prince, novembre 1856, page 9.

[2] *Auguste Comte,* page 577.

[3] *Catéchisme positiviste.*

[4] *La philosophie en France au XIXe siècle,* page 83.

positivisme. En traversant l'état métaphysique nous avons rétrogradé jusqu'à l'état théologique. Cet amour réalisant l'harmonie universelle resssemble bien à la Providence ; et l'altruisme semble un habit transparent qui recouvre l'idée de la charité. Il est manifeste que, quant à la forme générale de sa pensée, Comte rentrait dans les voies de la tradition chrétienne ; mais c'était pour la forme seulement, pour les idées générales de la cause, de l'amour, de l'harmonie. Quant à l'application de ces grandes idées, il continua à se tenir si distant de la pensée chrétienne que, dans la religion qu'il fondait, on ne rencontre ni l'affirmation de Dieu, ni celle de l'immortalité de l'âme. Il subissait visiblement (M. Littré le remarque avec toute raison) l'influence de la tradition religieuse ; mais il ne paraît pas qu'il ait jamais eu l'idée d'examiner la nature, l'origine et la valeur de cette tradition. Pourquoi ? Il était le grand-prêtre de l'ordre nouveau, et cette position ne lui permettait pas un examen impartial du passé. Puis, il partageait tous les préjugés du dix-huitième siècle, dont le positivisme est l'expression la plus avancée ; et, bien qu'il fût un lecteur assidu de l'*Imitation de Jésus-Christ*, il ne dut jamais soupçonner que le dogme pût renfermer, sous une forme spéciale, la vraie solution des problèmes posés par la philosophie. Enfin le mode de travail qu'il avait adopté l'éloignait de toute étude sérieuse de la tradition philosophique et religieuse dans son rapport avec le nouveau développement de sa pensée. Après avoir fait provision de lectures et d'études, il s'imposa, à l'époque où il aborda ses grands travaux, une *hygiène mentale* consistant à ne plus lire aucun écrit scientifique, pour vivre plus intimement avec sa propre pensée. Beaucoup d'hommes perdent, en lisant trop, l'originalité de leur pensée ; ils étouffent leur esprit sous le bagage de l'esprit des autres. Entre ce régime et celui d'Auguste Comte, il y a un milieu. Quoi qu'il en soit, le fondateur du positivisme revenu à la métaphysique et à la religion, ne revint pas à Dieu. Il ne comprit pas que concevoir le principe de l'univers comme « une activité dirigée par l'amour vers l'harmonie universelle, » c'est concevoir Dieu dans le sens de la tradition chrétienne. Ce fut l'humanité qui devint l'objet de son culte, et qu'il proposa à l'adoration de ses sectateurs. « L'humanité, dit-il, remplace Dieu, sans oublier jamais ses services provisoires[1]. » Il écrivait à l'un de ses disciples : « Je vous « recommande la pratique journalière de l'*Imitation* « dans l'original et dans Corneille. Voyez-y un admi- « rable poème sur la nature humaine, et lisez-la, en « vous proposant d'y remplacer Dieu par l'huma- nité[2]. » Du reste, sans remonter aux sources primitives, on peut s'assurer facilement que l'adoration de l'humanité constitue le fond du culte positiviste, en recourant aux *Aperçus* de M. de Lombrail qui ont été rédigés avec la collaboration du maître. M. de Lom-

---

[1] *Catéchisme positiviste.*
[2] Lettre à M. Célestin de Blignière, dans Littré, *Auguste Comte*, page 660.

brail nous apprend que « l'homme a toujours adoré l'humanité. » Il l'a adorée longtemps sous un voile, mais aujourd'hui « il retire à la divinité le trésor
« sacré dont elle fut si longtemps l'idéal déposi-
« taire, et le place sous la sauvegarde de l'huma-
« nité elle-même, qu'il adore directement sans l'in-
« termédiaire divin [1]. »

L'humanité est le Grand-Etre, et forme l'objet direct et principal du culte positiviste. Mais il est difficile d'adorer l'humanité seule, parce que son existence est manifestement relative, conditionnelle, et que, pour l'adorer seule, il faudrait lui attribuer l'existence absolue, ce qui ne se peut guère. Aussi Comte arrive à la conception d'un triumvirat religieux, d'une trinité, conception qui afflige encore M. Littré par son rapport manifeste avec la dogmatique chrétienne. Ce triumvirat renferme en premier lieu l'humanité, ou le Grand-Etre ; en second lieu la Terre ou le Grand-Fétiche, dont le Soleil et la Lune sont des annexes ; en troisième lieu l'Espace ou le Grand-Milieu qui est un être passif, mais sympathique [2]. Voici le texte même de l'auteur : « Une inaltérable trinité dirige nos con-
« ceptions et nos adorations, toujours relatives,
« d'abord au Grand-Etre, puis au Grand-Fétiche,
« enfin au Grand-Milieu. Fondée sur la théorie de
« la nature humaine et sur la loi du classement
« universel, cette hiérarchie offre un décroissement

---

[1] *Aperçus généraux sur la doctrine positiviste*, pages 156 et 158

[2] Littré, *Auguste Comte*, page 572.

« continu du caractère propre à la synthèse subjec-
« tive. On y vénère au premier rang, l'entière pléni-
« tude du type humain, où l'intelligence assiste le
« sentiment pour diriger l'activité. Nos hommages
« y glorifient ensuite le siège actif et bienveillant
« dont le concours, volontaire quoique aveugle, est
« toujours indispensable à la suprême existence. Il
« ne se borne point à la Terre avec sa double enve-
« loppe fluide, et comprend aussi les astres vrai-
« ment liés à la planète humaine, comme annexes
« objectives et subjectives ; surtout le Soleil et la
« Lune, que nous devons spécialement honorer. A
« ce second culte, succède celui du théâtre, passif
« autant qu'aveugle, mais toujours bienveillant, où
« nous rapportons tous les attributs matériels, dont
« sa souplesse sympathique facilite l'appréciation
« abstraite à nos cœurs comme à nos esprits[1]. »

Le théâtre passif autant qu'aveugle, mais toujours bienveillant est l'Espace. Le siège actif et bienveillant indispensable à la suprême existence est la Terre qui, étant le domicile du Grand-Etre, reprend à l'égard du Soleil le rôle de centre, dont l'hypothèse de Kopernik semblait l'avoir dépouillée. Auguste Comte suppose que « la nature du monde
« était jadis plus rapprochée qu'aujourd'hui de celle
« de l'homme, en sorte que notre planète et les
« autres habitables furent douées d'intelligence avant
« que le développement social y devînt possible ».
Fondé sur ces hypothèses qui lui semblent permi-

---

[1] *Synthèse subjective*, pages 24 et 25.

ses et qui sont nécessaires à son culte, il écrit sans hésiter : « La Terre *quand elle était intelligente* « pouvait développer son activité physico-chimique « de manière à perfectionner l'ordre astronomique, « en changeant ses principaux coefficients. Notre « planète put aussi rendre son orbite moins excen- « trique, et dès lors plus habitable, en concertant « une longue suite d'explosions analogues à celles « d'où proviennent les comètes, suivant la meilleure « hypothèse. Reproduites *avec sagesse*, les mêmes « secousses, secondées par la mobilité végétative, « purent aussi rendre l'inclinaison de l'axe terrestre « mieux conforme aux futurs besoins du Grand- « Etre [1]. »

A mesure que chaque planète s'améliorait, « sa « vie s'épuisait par excès d'innervation, mais avec « la *consolation* de rendre son développement plus « efficace [2]. » M. Littré observe que l'innervation étant une fonction nerveuse, ne saurait appartenir à la Terre qui n'a pas de nerfs, en sorte qu'Auguste Comte perd de vue les plus simples notions de la biologie [3]. Auguste Comte pourrait répondre, ce me semble, que la Terre a sacrifié ses nerfs, en même temps que son intelligence, par le même acte de dévouement qui l'a portée à consentir à un excès d'innervation en faveur du Grand-Etre. Mais laissons le disciple poser des objections de cette ordre à la

---

[1] *Synthèse subjective*, page 10.
[2] *Synthèse subjective*, page 11.
[3] *Auguste Comte*, page 579.

doctrine du maître, et recueillons les sérieux enseignements que la raison doit extraire de ces textes peu raisonnables.

Auguste Comte nie les besoins supérieurs de la raison, qu'arrive-t-il? N'est-ce pas un fait digne d'une grave méditation que de voir le fondateur du positivisme, l'homme qui a conçu et exprimé avec le plus de puissance la prétention de rompre avec toutes les données qui dépassent l'expérience, passer, par une réaction violente, de l'incrédulité la plus complète à la superstition la plus entière? N'est-ce pas l'objet de réflexions sérieuses que de voir un écrivain qui a si résolument nié la métaphysique, recevoir sa punition en formulant une doctrine qui fait l'espace sympathique, et nous parle du globe terrestre énervé par la grandeur de son sacrifice?

L'exemple d'Auguste Comte est spécial, comme je l'ai dit. Pour le fond cependant, il met en lumière la même vérité qui ressort de l'exemple de M. Littré et des autres exemples analogues. Les adversaires de la philosophie sont conduits et comme entraînés par une force majeure à faire de la philosophie. Si on méconnaît le légitime emploi des idées métaphysiques, on les applique indûment à l'objet de l'expérience. Nous avons vu le monde proclamé infini, éternel, nécessaire sous le couvert de la méthode expérimentale. Auguste Comte nous propose de l'adorer, en commençant par le culte de l'humanité, pour passer au culte du Soleil et de la Lune et à celui de l'Espace. Ce n'est là que la légitime conséquence, dans l'ordre religieux, de la métaphysique qui fait le monde éternel et nécessaire.

Le besoin de philosopher qui conduit à des contradictions éclatantes des hommes placés sous l'influence du positivisme est-il un reste du passé dont ces écrivains n'ont pas réussi à se défaire entièrement? Les disciples d'Auguste Comte (première manière) réussiront-ils à former une génération de penseurs qui se contenteront de coordonner les résultats de l'expérience, et renonceront sérieusement à toute affirmation relative à la nature des choses, à leur origine et à leur fin? Il ne faut jamais engager témérairement l'avenir ; mais cela est pour le moins douteux.

121. *Un système philosophique ne peut être établi qu'en passant par les degrés d'une probabilité croissante.*

La philosophie, étant une science explicative, est dans les conditions de toutes les sciences de cette nature. Croire qu'un système de philosophie puisse être démontré absolument et immédiatement comme un théorème de géométrie, c'est l'erreur du rationalisme, dont les prétentions ont jeté un grave discrédit sur les recherches de la pensée spéculative (44). La certitude absolue ne peut être obtenue immédiatement que par les sciences purement rationnelles qui n'atteignent pas les réalités (59) et par la partie purement expérimentale des sciences de faits (60). Pour toutes les sciences explicatives les constructions de la pensée passent par les degrés d'une probabilité croissante (64). C'est là ce que les esprits systématiques ne comprennent pas. L'erreur est naturelle chez les rationalistes ; mais ce qui est surprenant c'est que des savants qui, lorsqu'ils parlent de la méthode, professent l'empirisme, ne soient nullement à l'abri de cet écart de la pensée. Nous voyons, de nos jours, des esprits naïvement audacieux transformer en vérités absolument démontrées des hypothèses aventureuses qu'ils prennent pour des inductions expérimentales certaines.

Dans les sciences particulières, il faut souvent beaucoup de temps pour qu'une hypothèse arrive au degré de confirmation qui la transforme en vérité généralement acceptée. Le mouvement de la terre, qui produit la succession du jour et de la nuit, a été positivement enseigné dans l'école de Pythagore. Aristote l'a nié, et l'autorité d'Aristote a jeté, pendant des siècles, un voile sur cette vérité astronomique. Kopernik a repris l'hypothèse des Pythagoriciens et en a donné la démonstration en 1543. Pascal, mort en 1662, parle encore, dans une forme dubitative, du mouvement de la terre. Ce n'est qu'en 1687, lors de la publication des découvertes de Newton, dont la théorie de Kopernik était le postulat, que cette théorie a été admise par le monde savant à titre de vérité démontrée. Les discussions relatives au fondement de l'astronomie ont donc duré cent quarante-quatre ans. Ce fait donne à réfléchir ; il ne permet pas de s'étonner du long temps qu'une hypothèse quelconque peut exiger pour sa démonstration, et plus le problème à résoudre est compliqué plus ce temps peut être long.

Il importe de distinguer une hypothèse philosophique en elle-même, c'est-à-dire une détermination du principe premier, de l'explication qu'on déduit de ce principe, et qui forme le contrôle de l'hypothèse. On peut se mettre immédiatement au clair sur quelques grands faits qui excluent telle ou telle détermination du premier principe, parce qu'il existe des objets d'expérience universelle (88). Les hypothèses qui entrainent la négation de quelques-uns de ces éléments sont légitimement exclues ; les hypothèses qui permettent de leur faire une place sont légitimement admises, au moins à titre provisoire. C'est ainsi que l'on peut poser les fondements d'un système. Quant à l'ensemble de la construction constituant le système lui-même, son achèvement dépend de la marche des sciences particulières, puisque le résultat des sciences particulières forme la base et le contrôle des théories philosophiques. C'est pourquoi l'œuvre ne peut être que lente et nécessairement sujette à bien des variations. La précipitation de la pensée qui court à l'explication des faits avant que les faits aient été dûment constatés est la cause de beaucoup d'erreurs et de temps perdu. Certains philosophes affirment qu'il n'existe pas d'intelligences supérieures à celle de l'homme, affirmation qui manque à la fois de prudence et de modestie. Si elle s'était produite avant Kopernik, on en aurait déduit l'explication du système de l'astronomie ancienne, en disant : « L'homme est la plus haute intelligence de l'univers, c'est pourquoi la terre, domicile de l'homme, est le centre du monde ». On aurait donné ainsi par un raisonnement *a priori* l'explication d'un fait inexact.

122. *La généralité de l'adhésion à un système de philosophie dépend des progrès de la raison humaine.*

La raison considérée en elle-même ne peut pas faire de progrès; ce qui progresse, c'est la conscience que l'homme en acquiert, c'est l'accord des pensées individuelles avec la pensée commune qui s'impose par sa nécessité. Les esprits sont divers; mais ce qui diffère, ce qui varie, ce sont les goûts, les caractères, les facultés intellectuelles et morales des individus; quant à la raison proprement dite, ses lois sont les mêmes pour tous. Ce n'est donc pas la raison qui peut progresser, mais la raison *humaine,* c'est-à-dire la connaissance des données fondamentales et des lois de l'intelligence. Plus l'étude de la raison sera avancée, plus il y aura de chances que l'accord se fasse sur les matières de philosophie. L'éducation peut rendre à cet égard d'assez grands services. La logique et la métaphysique occupaient dans les écoles du moyen-âge une place disproportionnée. Je possède un volume, imprimé en 1494, qui répond à nos manuels du baccalauréat. C'est la réunion de ce qu'un jeune homme devait savoir avant d'aborder les études des facultés spéciales. La métaphysique y occupe 95 pages, la logique 139, l'arithmétique 4 et la géométrie 5. Les proportions ont bien changé à notre époque; elles ont trop changé. Un peu moins de temps accordé aux sciences mathématiques, physiques et naturelles, un peu plus de temps accordé aux études logiques et métaphysiques contribuerait au développement de la raison. Cette influence s'exercerait sur la génération qui la subirait directement, et pourrait s'étendre aux générations futures par cette action de l'hérédité qui préoccupe vivement et à juste titre la science contemporaine. Il serait encore à désirer que les cours de philosophie fussent mis à leur place véritable, où ils ne sont presque jamais, c'est-à-dire à la fin des études spéciales dont ils doivent former le couronnement (93). Si l'on employait ces moyens, il est permis d'espérer que certaines contestations philosophiques prendraient fin, et que le développement de la raison serait la ruine des systèmes qui en nient les lois fondamentales ; mais il ne faut pas se faire d'illusions à cet égard. La généralité de la philosophie, les rapports qu'elle soutient avec toutes les sciences particulières, rendent nécessairement ses progrès fort lents ; puis, et surtout, les systèmes de philosophie se trouvant dans un rapport nécessaire avec la pratique de la vie (92), des éléments extra-scientifiques exercent une influence positive à leur égard. C'est pourquoi l'adhésion universelle des penseurs à un système de philosophie n'est pas à prévoir. Il est même à présumer qu'une adhésion qui, sans être universelle, serait générale, ne pouvant être que le résultat d'une lente transformation de la pensée, se fera longtemps attendre ; mais ce qui se fait attendre longtemps peut arriver enfin.

RÉSUMÉS

1. La définition de la philosophie comme science, exige la détermination de l'idée de la science en général et celle des caractères spécifiques de la philosophie.

PREMIÈRE PARTIE

LA SCIENCE

2. La science est l'état de la pensée qui possède la vérité.
3. La recherche scientifique a pour condition l'esprit d'examen, ou le doute philosophique.
4. La recherche scientifique est en partie le résultat d'une disposition spéciale de l'esprit humain.
5. La vérité est une qualité des jugements.
6. Les jugements vrais ont pour caractère une objectivité qui s'impose à la pensée individuelle.
7. Les jugements vrais expriment des vérités de raison qui ont un caractère de nécessité, ou des vérités de fait qui ont un caractère de contingence.
8. Pour obtenir une idée complète de la science, il faut en préciser la nature, la méthode, la valeur et les postulats.

NATURE DE LA SCIENCE

9. L'objet de la science est la réalité.
10. Les réalités directement connues sont révélées par l'expérience.
11. Les réalités directement connues sont matérielles, spirituelles ou idéelles.
12. Les jugements vrais ne sont que les éléments de la science qui se compose de jugements liés entr'eux.
13. Le but de la science est d'expliquer les faits ou de rendre raison de l'expérience.
14. La science complète réclame :
    1° L'accord de la pensée personnelle avec l'expérience.
    2° L'accord de la pensée personnelle avec la raison.
    3° La découverte des idées au moyen desquelles peut s'établir l'accord de l'expérience et de la raison.
15. Les sciences purement rationnelles ont pour but l'accord de la pensée personnelle et de la raison.
16. Les sciences purement rationnelles n'expliquent aucun fait, mais établissent *a priori* les vérités qui sont des moyens d'explication.
17. Les sciences purement expérimentales ont pour but l'accord de la pensée personnelle et des faits.
18. La science complète est expérimentale et rationnelle, parce qu'elle est explicative.
19. Les explications scientifiques s'opèrent par des déductions qui se rattachent aux idées de la classe, de la loi, de la cause et du but.

Explication par l'idée de la classe

20. L'explication par l'idée de la classe résulte du principe que ce qui est vrai du genre est vrai de l'espèce et de l'individu.

21. La généralisation qui établit des classes est la condition de la pensée scientifique.
22. L'explication par la classe suppose la présence d'éléments semblables dans une multiplicité d'êtres d'ailleurs divers.
23. Les éléments communs aux êtres d'une même classe, constituent leur essence.
24. Dans les sciences de faits, l'essence suppose une substance.
25. La science cherche à déterminer les classes primitives ou les substances simples dont les êtres sont composés.

Explication par l'idée de la loi

26. Les lois sont des formules qui expriment le rapport d'un antécédent à un conséquent.
27. La science suppose que les lois ont un caractère de constance.
28. Les lois de la nature sont toujours réalisées.
29. Les lois logiques et morales sont l'expression de ce qui doit être.
30. Les lois psychiques sont modifiées dans leur application par les actes de la volonté.
31. Les lois supposent des causes.

Explication par l'idée de la cause

32. Une cause est le pouvoir producteur d'un fait.
33. La causalité n'est pas une simple succession.
34. Les causes sont des substances, c'est-à-dire des êtres.
35. Les causes sont de trois espèces, matérielles, spontanées, libres.
36. Une cause libre est, en partie, la raison d'être de ses actes.

Explication par l'idée du but

37. La connaissance d'un but explique en montrant les rapports entre ce but et les moyens employés pour l'atteindre.

38. Les actes volontaires trouvent leur explication dans les deux idées de la volonté même et du but qu'elle poursuit.
39. La considération de la cause finale joue un rôle important en biologie.
40. La considération du but n'intervient pas dans la physique étudiée comme science particulière.
41. L'idée de la finalité s'applique aux phénomènes physiques lorsqu'on les considère dans leur rapport avec l'ensemble du monde.
42. La proscription des causes finales résulte de deux confusions d'idées : l'une entre les causes finales et les causes efficientes, l'autre entre les fins totales et les fins réelles.
43. L'emploi des procédés d'explication varie dans les diverses sciences.

MÉTHODE DE LA SCIENCE

44. Le rationalisme et l'empirisme sont deux méthodes fausses.
45. La méthode se compose de trois opérations de la pensée : constater, supposer, vérifier.

Constatation

46. La constatation est le résultat de l'observation simple ou de l'expérimentation.
47. L'observation est sensible, psychique ou rationnelle.
48. L'observation scientifique est inséparable de l'induction.
49. L'intervention du témoignage est indispensable à la constatation.

50. La valeur du témoignage passe de la probabilité à la certitude.
51. La négation de la possibilité d'un fait ne peut être légitimement opposée à des témoignages valables.

Supposition

52. L'hypothèse est le principe générateur de la science.
53. L'hypothèse est un élément *a priori* mais dans un autre sens que l'*a priori* de la raison.
54. La recherche de l'unité est le principe directeur des hypothèses scientifiques.
55. La tendance à l'unité, lorsqu'elle ne demeure pas soumise au contrôle de l'expérience, est la source principale des erreurs scientifiques.
56. L'appréciation de la valeur des hypothèses se fait par un choix préalable suivi d'une vérification plus complète.
57. L'origine d'une hypothèse ne doit pas exercer une influence décisive sur son appréciation.

Vérification

58. Les procédés de vérification varient selon la nature des sciences.
59. La vérification d'une hypothèse rationnelle résulte du lien logique établi entre cette hypothèse et des vérités antérieurement établies.
60. Une hypothèse purement expérimentale peut être immédiatement confirmée avec certitude.
61. La vérification d'une hypothèse explicative suppose la déduction de ses conséquences et la comparaison de ces conséquences avec les faits.
62. Une hypothèse n'est vérifiable que si ses conséquences peuvent être contrôlées par l'observation des faits.
63. Une hypothèse invérifiable dans l'état actuel de la science peut devenir vérifiable plus tard.

64. Les hypothèses explicatives passent par des degrés divers de probabilité, et peuvent atteindre la certitude.
65. Les hypothèses explicatives vérifiées ne prennent jamais le caractère de nécessité des données de la raison.

VALEUR DE LA SCIENCE

66. La science humaine sera toujours incomplète.
67. La science humaine est relative.
68. Le caractère relatif de la science ne détruit pas sa valeur.
69. Le scepticisme des anciens a fait place au positivisme des modernes.

POSTULATS DE LA SCIENCE

70. La science dans sa généralité a un certain nombre de postulats.
71. La science suppose chez l'homme un élément de liberté.
72. La science suppose la diversité du sujet de la connaissance et de son objet.
73. La science suppose l'harmonie des faits et de la raison.
74. La science suppose la réalité d'un ordre universel.

SECONDE PARTIE

LA PHILOSOPHIE

75. La philosophie peut être l'objet d'une définition expérimentale.
76. Pour préciser l'idée de la philosophie, nous étudierons successivement sa matière, son objet, sa méthode, ses postulats, son programme et les prévisions que l'on peut former sur son avenir.

MATIÈRE DE LA PHILOSOPHIE

77. La philosophie a, quant à sa matière, une extension indéfinie.
78. La culture philosophique développe l'esprit de généralité.
79. La parole dans sa totalité exprime la matière complète de la philosophie.
80. L'étude des langues doit être l'instrument principal du développement de l'intelligence.
81. L'établissement d'une langue internationale est l'une des nécessités du temps actuel.
82. La philosophie n'est pas l'addition des sciences particulières.

OBJET DE LA PHILOSOPHIE

83. La philosophie est la recherche d'un principe qui, dans son unité, rende raison de la totalité de l'expérience.
84. La philosophie est l'étude du problème universel.
85. Un système de philosophie est un essai d'explication de l'univers.
86. La constitution des sciences particulières ne détruit pas l'objet de la philosophie.
87. La philosophie est possible parce que les résultats des sciences particulières se simplifient dans la mesure où les sciences font des progrès.
88. La philosophie se développe parallèlement aux sciences particulières, parce qu'il existe des objets d'expérience universelle.
89. La philosophie est le prolongement naturel des recherches des sciences particulières.
90. La réaction des sciences particulières contre la philosophie est née de la confusion entre les principes de construction *a priori* et les principes directeurs de la pensée.
91. La séparation des sciences et de la philosophie est de date récente et tend à disparaître.
92. La question pratique de la sagesse se rattache à la question théorique du principe de l'univers.
93. Un cours de philosophie a sa place naturelle à la fin des études.

MÉTHODE DE LA PHILOSOPHIE

94. La philosophie doit avoir le caractère désintéressé de la science.
95. La philosophie ne doit pas être subordonnée à une cause politique.
96. La philosophie ne doit pas être cultivée dans un intérêt national.
97. La recherche philosophique doit se dégager des préjugés nés de l'ancienneté ou de la nouveauté des idées.
98. La philosophie ne doit pas être soumise à un *a priori* théologique.
99. La philosophie se distingue de la théologie ecclésiastique par sa méthode et par son contenu.
100. Les dogmes religieux renferment des doctrines qui sont pour la philosophie des hypothèses à examiner.
101. La méthode de la philosophie est la même que celle de toutes les sciences complètes.
102. Les résultats des sciences particulières sont l'objet de l'observation philosophique.
103. L'hypothèse fondamentale de la philosophie consiste dans la détermination d'un principe premier.
104. La nature de la déduction philosophique dépend de l'hypothèse admise pour la détermination du principe de l'univers.
105. Les réalités de tous les ordres sont le contrôle d'une hypothèse philosophique.
106. La philosophie doit prendre en considération les tendances naturelles au cœur humain.
107. La philosophie doit prendre en considération les données de la conscience morale.
108. Les conséquences pratiques des systèmes de philosophie sont un des éléments essentiels de leur appréciation.

POSTULATS DE LA PHILOSOPHIE

109. L'idée d'un principe premier est le postulat de la recherche philosophique.
110. La réalité d'un principe premier est le postulat des systèmes de philosophie.
111. Les notions transcendantes de la raison sont contenues dans le postulat de la philosophie.

PROGRAMME DE LA PHILOSOPHIE

112. Une philosophie complète se compose de trois parties : l'analyse, l'hypothèse et la synthèse.
113. L'analyse philosophique a pour but de distinguer les éléments dont le monde est composé.
114. Le choix d'une hypothèse philosophique réclame une étude sommaire de l'histoire de la philosophie.
115. La synthèse philosophique est un essai d'explication des données de l'analyse.
116. La synthèse philosophique ne doit pas seulement expliquer ce qui est, mais aussi déterminer ce qui doit être.

AVENIR DE LA PHILOSOPHIE

117. La recherche philosophique est naturelle à l'esprit humain.
118. La question de la valeur de la philosophie est celle de la valeur de la raison.
119. Les oppositions à la recherche philosophique sont toujours suivies d'une réaction en sa faveur.
120. Les adversaires de la philosophie sont presque toujours conduits par les tendances de la raison à émettre les thèses d'une philosophie inconsciente.
121. Un système philosophique ne peut être établi qu'en passant par les degrés d'une probabilité croissante.
122. La généralité de l'adhésion à un système de philosophie dépend des progrès de la raison humaine.

TABLE DES MATIÈRES

	Pages.
PRÉFACE	v
INTRODUCTION	1

Première partie. LA SCIENCE ... 3

Nature de la Science	19
Explication par la classe	34
Explication par la loi	45
Explication par la cause	55
Explication par le but	64
Méthode de la Science	77
Constatation	80
Supposition	96
Vérification	109
Valeur de la Science	121
Postulats de la Science	131

Seconde partie. LA PHILOSOPHIE .. 141

Matière de la Philosophie	145
Objet de la Philosophie	156
Méthode de la Philosophie	187
Postulats de la Philosophie	221
Programme de la Philosophie	229
Avenir de la Philosophie	241
RÉSUMÉS	279

www.ingramcontent.com/pod-product-compliance
Lightning Source LLC
Chambersburg PA
CBHW071531160426
43196CB00010B/1742